COLEÇÃO
TEMAS & EDUCAÇÃO

Gestão & Educação

Viviane Klaus

Gestão & Educação

autêntica

Copyright © 2016 Viviane Klaus
Copyright © 2016 Autêntica Editora

Todos os direitos reservados pela Autêntica Editora. Nenhuma parte desta publicação poderá ser reproduzida, seja por meios mecânicos, eletrônicos, seja via cópia xerográfica, sem a autorização prévia da editora.

COORDENAÇÃO DA COLEÇÃO
TEMAS & EDUCAÇÃO
Alfredo Veiga-Neto

CONSELHO EDITORIAL
Alfredo Veiga-Neto (UFRGS), Carlos Ernesto Noguera (Univ. Pedagógica Nacional de Colombia), Edla Eggert (PUC-RS), Jorge Ramos do Ó (Universidade de Lisboa), Júlio Groppa Aquino (USP), Luís Henrique Sommer (UFRGS), Margareth Rago (UNICAMP), Rosa Bueno Fischer (UFRGS), Sílvio D. Gallo (UNICAMP)

EDITORA RESPONSÁVEL
Rejane Dias

EDITORA ASSISTENTE
Cecília Martins

REVISÃO
Lúcia Assumpção

CAPA
Alberto Bittencourt

DIAGRAMAÇÃO
Waldênia Alvarenga
Larissa Carvalho Mazzoni

Dados Internacionais de Catalogação na Publicação (CIP)
(Câmara Brasileira do Livro)

Klaus, Viviane
   Gestão & Educação / Viviane Klaus. -- 1. ed. -- Belo Horizonte : Autêntica Editora, 2016. (Temas & Educação)

Bibliografia.
ISBN 978-85-513-0063-3

1. Educação 2. Educação - Finalidades e objetivos 3. Educadores - Formação 4. Escolas - Administração e organização 5. Gestão escolar I. Título.

16-06673   CDD-371.2

Índices para catálogo sistemático:
1. Educação : Gestão 371.2
2. Gestão educacional 371.2

Belo Horizonte
Rua Carlos Turner, 420
Silveira . 31140-520
Belo Horizonte . MG
Tel.: (55 31) 3465 4500

Rio de Janeiro
Rua Debret, 23, sala 401
Centro . 20030-080
Rio de Janeiro . RJ
Tel.: (55 21) 3179 1975

São Paulo
Av. Paulista, 2.073,
Conjunto Nacional, Horsa I
23º andar . Conj. 2301 .
Cerqueira César . 01311-940
São Paulo . SP
Tel.: (55 11) 3034 4468

www.grupoautentica.com.br

*Meu especial agradecimento ao
Prof. Dr. Alfredo Veiga-Neto e aos colegas
do Grupo de Pesquisa em Currículo e
Contemporaneidade (GPCC/UFRGS).*

Sumário

Apresentação 9

Capítulo I
Condições de possibilidade de emergência
da administração educacional no Brasil 11
Desenvolvimento e subdesenvolvimento como
invenções do período pós-Segunda Guerra Mundial 11
Educação, desenvolvimento e administração 28

Capítulo II
Mudança de rota: a teoria do capital
humano e a educação como investimento 53
A educação como fator de desenvolvimento econômico ... 59
A educação como investimento 65
Competitividade e eficiência na área da educação 71

Capítulo III
Mudança de ênfase da administração
para a gestão educacional 75

Grupos de pesquisa sobre o tema 87

Referências 90

A autora 95

Apresentação

Nas páginas que se seguem apresento algumas das condições que possibilitaram a emergência da administração educacional no Brasil. Parto das noções de desenvolvimento e subdesenvolvimento como invenções do período pós-Segunda Guerra Mundial, pois, desde 1945, a ideia de desenvolvimento será fundamental, e é a partir dela que se dará tanto a análise dos países ditos desenvolvidos quanto o controle e a vigilância dos países considerados, a partir de então, subdesenvolvidos. Discuto que os economistas da época compreendiam a vida social como um problema técnico, um objeto de manejo racional que devia ser confiado aos profissionais do desenvolvimento, cujo conhecimento especializado deveria capacitá-los para a tarefa (Escobar, 2007), de modo que era preciso intervir no social através de planejamento e administração detalhados para alcançar certo patamar que caracterizaria um "país desenvolvido". A administração da educação, da saúde, do trabalho, da vida individual e social, de modo geral, ganhou centralidade nesse período. A administração científica, tanto no âmbito da produção quanto no âmbito das relações pessoais, se tornou um modo de vida e uma necessidade de ordem pública no contexto econômico, político e social do pós-guerra.

Na sequência, discuto que a Teoria do Capital Humano, aliada a outras mudanças sociais, econômicas e políticas, provoca uma série de descontinuidades nas formas de governamento da população nas décadas de 1970, 1980 e, especialmente, 1990. Durante as décadas de 1960 e 1970, ocorrem várias discussões sobre a necessidade de medir os índices de desenvolvimento não apenas pelos fatores convencionais da produção, mas principalmente a partir de elementos que apontavam uma melhora na qualidade da população. Dessa forma, a proposição feita é a de que o desenvolvimento passe a ser medido não apenas pelo capital físico, mas pelo capital humano. A educação passa a ser considerada um dos principais fatores de desenvolvimento econômico e um investimento no capital humano, sob a forma de habilidades adquiridas na escola. O entendimento da educação como um investimento e não como uma simples atividade de consumo possibilita inúmeras mudanças nos valores, nas formas de organização da vida diária, nos entendimentos de capital (capital material e capital humano). Compreende-se que os investimentos feitos em educação, saúde, assistência à infância, entre outros, aumentam a qualidade da população e o bem-estar das pessoas e possibilitam um retorno futuro em termos de maiores ganhos. Theodore Schultz (1987) realiza toda uma discussão sobre competitividade e eficiência na área da educação, pois acredita que muitas vezes a ineficiência da qual as escolas públicas foram investidas diz respeito ao fato de quererem manter longe das suas organizações a questão da competitividade.

Por fim, trago alguns elementos sobre a mudança de ênfase da administração para a gestão educacional. As discussões sobre a Teoria do Capital Humano e o empreendedorismo como valores sociais ganham centralidade principalmente a partir dos anos 1990 no cenário educacional brasileiro e constituem a gestão educacional a partir da lógica da gestão empresarial. A descentralização, a reconfiguração do papel do Estado, a responsabilização dos sujeitos e das instituições pelos seus sucessos e fracassos, o gerencialismo e o empresariamento da educação emergem como "soluções" para os problemas da sociedade contemporânea.

Este livro consiste, portanto, na apresentação de algumas linhas gerais sobre o tema "Administração/Gestão & Educação". Não tem a pretensão de esgotar ou de apresentar inovações sobre o tema, mas sim de reunir alguns fios da trama histórica que constituíram (constituem) a administração e a gestão educacional. Ao apresentar alguns fragmentos de histórias, deixa em suspenso inúmeras lacunas, brechas e silêncios. Veyne (1998) diz que existem múltiplas objetivações e práticas heterogêneas e salienta que não existe uma unidade que relaciona as múltiplas práticas entre si, pois só a ilusão de um objeto natural cria a vaga impressão de uma unidade. Para ele, tudo gira em torno desse paradoxo, que é a tese central de Foucault: : "o que é feito, o objeto, se explica pelo que foi o fazer em cada momento da história; enganamo-nos quando pensamos que o fazer, a prática, se explica a partir do que é feito" (VEYNE, 1998, p. 257).

| CAPÍTULO I

Condições de possibilidade de emergência da administração educacional no Brasil

Desenvolvimento e subdesenvolvimento como invenções do período pós-Segunda Guerra Mundial

> *[o desenvolvimento é] uma "invenção" que*
> *resultou da história do pós-guerra e que, desde*
> *seu início, moldou inevitavelmente, toda a*
> *possível concepção da realidade e a ação social*
> *dos países que desde então se conhecem como*
> *subdesenvolvidos.* [1]
>
> ESCOBAR, 2007, p. 14

> *Talvez o sintoma mais significativo dessa*
> *transformação seja o desenvolvimento do*
> *chamado direito de intervenção [...].*
>
> HARDT; NEGRI, 2003, p. 35-36

A Organização das Nações Unidas (ONU) foi fundada na Conferência de São Francisco, realizada em 1945 para "fomentar relações cordiais entre as nações, promover progresso social, melhores padrões de vida e direitos humanos" (ONU, 2010a, [s.p.]). Ela substituiu a velha Liga das Nações e foi composta inicialmente por 50 países, com o intuito de congregar num mesmo quadro diplomático todos os Estados soberanos do globo (MAGNOLI, 1996).

---

[1] As traduções dos excertos das obras em espanhol citadas neste livro são da autora.

Além de recuperar as regiões devastadas pela guerra, a ONU tinha como tarefa criar uma política frente ao subdesenvolvimento. Inclusive, um dos propósitos das Nações Unidas explícito no primeiro artigo da carta é:

> Conseguir uma cooperação internacional para resolver os problemas internacionais de caráter econômico, social, cultural ou humanitário e para promover e estimular o respeito aos direitos humanos e às liberdades fundamentais para todos, sem distinção de raça, sexo, língua ou religião (ONU, 2010b, [s.p.]).

A educação será fundamental nesse contexto. Tanto que, no final da Segunda Guerra Mundial, foi realizada em Londres, de primeiro a 16 de novembro de 1945, uma conferência das Nações Unidas para o estabelecimento de uma organização educacional e cultural. Participaram da conferência representantes de aproximadamente 40 países. Com o impulso da França e do Reino Unido, dois países muito afetados pelo conflito, os delegados decidem criar uma organização destinada a instituir uma cultura da paz. No final da Conferência, 37 desses países assinam a Constituição que marca o nascimento da Organização das Nações Unidas para a Educação, Ciência e Cultura (UNESCO). A Constituição entrou em vigor em 1946 e é ratificada por 20 países, entre eles, o Brasil (UNESCO, 2008).

Desde a conferência de constituição das Nações Unidas em São Francisco em 1945, ocorreram inúmeras discussões sobre as noções de subdesenvolvimento e de Terceiro Mundo, bem como intensas negociações sobre o destino do mundo não industrializado (ESCOBAR, 2007).

A frase que Alvin Hansen, conselheiro do presidente Roosevelt, repetia desde o início da década de 1940 é emblemática e demonstra toda uma maneira de pensar que se constituiu durante o período de 1940, 1950 e 1960: "Onde quer que haja pobreza existe um perigo para onde quer que haja prosperidade" (HANSEN *apud* MORAES, 1995, p. 9).

Pode-se dizer que a pobreza em escala global foi um descobrimento do período posterior à Segunda Guerra Mundial, pois as concepções e o tratamento da pobreza antes de 1940 eram bem diferentes (ESCOBAR, 2007). Apoiado em outros autores, como é o caso, por exemplo, de Rahnema, Escobar (2007) descreve duas rupturas nas formas de tratar a pobreza.

A primeira delas ocorreu no século XIX, quando se deu a emergência de sistemas baseados na filantropia para tratar os pobres. A filantropia consistia na busca calculada entre as funções do Estado liberal e a difusão de técnicas de bem-estar e de governamento[2] da população (DONZELOT, 1986). O polo assistencial utilizava o Estado para divulgar conselhos que deviam ser aceitos por todos, dado que todos eram considerados iguais em relação ao Estado. A economia social tinha como principal tarefa o estabelecimento de vigilâncias diretas que permitiam controlar a população pobre: não permitir o abandono de crianças em hospícios para menores ou o abandono disfarçado em nutrizes; controlar as uniões livres; impedir linhas de fuga (vagabundagem dos indivíduos, particularmente das crianças) (DONZELOT, 1986).

Essa transformação dos pobres em assistidos – modernização da pobreza – teve profundas consequências, como é o caso, por exemplo, do estabelecimento de novos mecanismos de controle, uma vez que era necessário colocar ordem em todas as coisas e constituir uma sociedade coesa. O social teve importância fundamental nesse contexto – século XIX e início do século XX –, de forma que a pobreza, a saúde, a educação, a higiene, o emprego e a baixa qualidade de vida dos povos se converteram em problemas sociais e requeriam um conhecimento da população e modos apropriados de organização social (ESCOBAR *apud* ESCOBAR, 2007).

A segunda ruptura diz respeito à globalização da pobreza, efetuada pela definição de dois terços do mundo como pobres depois de 1945. Escobar diz que:

> [...] Em 1948, quando o Banco Mundial definiu como pobres aqueles países com ingresso per capita inferior a 100 dólares, quase por decreto, dois terços da população mundial foram transformados em sujeitos pobres. E se o problema era de ingresso insuficiente, a solução era, evidentemente, o crescimento econômico (ESCOBAR, 2007, p. 55).

---

[2] Veiga-Neto (2002a) sugere a ressurreição, na língua portuguesa, da palavra "governamento" (tal palavra é de uso corrente nas línguas francesa, inglesa e espanhola). Esse autor (2002a, p. 17, grifo do autor) diz que: "tal ressurreição tem como objetivo tornar mais rigoroso e mais fácil o duplo entendimento que, na perspectiva foucaultiana, é possível atribuir à palavra governo". Ele propõe que o vocábulo "governo" passe a ser substituído por "governamento" nos casos em que estiver sendo tratada a questão da ação ou do ato de governar.

A pobreza passa a ter um caráter diferente após a Segunda Guerra Mundial, pois é a partir dela que se constroem toda a noção de subdesenvolvimento e decorrentes estratégias de intervenção nos países ditos subdesenvolvidos. A pobreza passa a ser alvo não apenas da filantropia e da economia social – transformação dos pobres em assistidos –, mas é globalizada, visibilizada e produzida de outras formas, e precisa ser administrada em nome do desenvolvimento.

O desenvolvimento avançou, criando anormalidades diversas – os analfabetos, os pequenos agricultores, os campesinos sem terra, os mal nutridos, os pobres –, o que permitiu uma intervenção direta sobre as populações consideradas a partir de então como subdesenvolvidas (ESCOBAR, 2007). É nesse contexto que se dá a invenção da noção de Terceiro Mundo e de países subdesenvolvidos, de maneira que como desenvolver-se e consequentemente como sair da situação de subdesenvolvido se tornaram um problema de primeira ordem para os continentes da Ásia, da África e da América Latina (ESCOBAR, 2007). Pode-se dizer que:

> [...] o desenvolvimento tem tido êxito na medida em que tem sido capaz de integrar-se, administrar e controlar países e populações de maneiras cada vez mais detalhadas e exaustivas. Se tem fracassado em suas tentativas em resolver os problemas básicos do subdesenvolvimento, pode dizer-se, talvez com maior propriedade, que tem tido êxito ao criar um tipo de subdesenvolvimento que tem sido em grande parte política e tecnicamente manejável [...] (ESCOBAR, 2007, p. 99).

As fábulas da fome e do alimento (ESCOBAR, 2007) e a problematização da pobreza em nível global – globalização da pobreza – estão diretamente relacionadas com a noção de desenvolvimento. Desde o final da Segunda Guerra Mundial, a noção de desenvolvimento será fundamental e é a partir dela que se dará tanto a análise dos países ditos desenvolvidos quanto o controle e a vigilância dos países considerados, a partir de então, subdesenvolvidos.

Grande parte dessa associação entre pobreza e subdesenvolvimento diz respeito aos discursos dos economistas da época, que compreendiam a vida social como um problema técnico, um objeto de manejo racional – eu diria um objeto a ser administrado – que devia ser confiado aos profissionais do desenvolvimento, cujo conhecimento especializado deveria capacitá-los para a tarefa

(ESCOBAR, 2007). E é justamente essa ideia de manejo racional, o qual poderia ser alcançado através de um planejamento e de uma planificação social, que marca mais uma (des)continuidade em relação às formas de governamento do social. Conforme já havia citado anteriormente, Escobar (2007) refere-se a duas rupturas nas formas de tratar a pobreza – eu chamaria tais rupturas de descontinuidades. A primeira delas diz respeito à transformação dos pobres em assistidos (filantropia); e a segunda diz respeito à globalização da pobreza. Acredito que tais descontinuidades estão diretamente relacionadas com as formas de intervenção do Governo no social, ou seja, com a discussão do que cabe ao Governo e do que cabe à economia.

Apesar de a economia situar-se no interior do campo dos fenômenos sociais, do final do século XVIII até o século XIX, tais fenômenos são definidos em oposição à economia por terem suas próprias estruturas e seus próprios processos (FOUCAULT, 2008a). Nessa lógica – economia de bem-estar social –, quanto maior for o crescimento, mais a política social deverá ser ativa, intensa e generosa, recompensando e compensando as desigualdades sociais (FOUCAULT, 2008a) – filantropia social. Diferentemente da tônica atual, a vida social como um problema técnico e um objeto de manejo racional, o que regia a sociedade no Estado de bem-estar social era o princípio da igualdade e da naturalidade do contrato social.

O *Homo œconomicus*, tal como aparece no século XVIII, é aquele que obedece ao seu interesse, é aquele cujo interesse vai convergir de forma espontânea, natural, com o interesse dos outros (FOUCAULT, 2008a). A ideia de contrato social – sujeito de direito, *Homo juridicus* – articula-se de forma interessante com o princípio do *laissez-faire*, com o sujeito de interesse. Se o sujeito respeita o contrato, é porque ele tem interesse em que haja contrato, ou seja, a emergência do contrato não substituiu o sujeito de interesse por um sujeito de direito (FOUCAULT, 2008a). Como elucida Foucault (2008a, p. 384), o liberalismo, "em sua consistência moderna, começou quando, precisamente, foi formulada essa incompatibilidade essencial entre, por um lado, a multiplicidade não totalizável dos sujeitos de interesse, dos sujeitos econômicos, e, por outro lado, a unidade totalizante do soberano jurídico". Assim, existe um jogo permanente entre liberdade individual e segurança coletiva, sujeito de interesse e contrato social, multiplicidade não totalizável e unidade totalizante.

Temos aí duas vias – via revolucionária e via radical utilitarista – que promovem duas concepções heterogêneas da liberdade: uma concebida a partir dos direitos do homem e a outra percebida a partir da independência dos governados (FOUCAULT, 2008a). Para a via revolucionária, a lei será a expressão de uma vontade coletiva que manifesta a parte de direito que os indivíduos querem ceder e a parte de direito que os indivíduos querem reservar; para a via radical utilitarista, a lei será efeito de uma transação que colocará, de um lado, a esfera de intervenção do poder público e, de outro, a esfera de independência dos indivíduos (FOUCAULT, 2008a). As duas vias têm origens históricas diferentes, mas se relacionam de forma muito interessante. Ambas assumem o princípio da liberdade individual e da segurança coletiva.

Penso que a espontaneidade, a naturalidade, o sujeito de interesse – *Homo œconomicus* do século XVIII – remetem muito mais à noção de progresso do que à noção de desenvolvimento. Assim como, no período pós-Segunda Guerra Mundial, a ênfase será no desenvolvimento, argumento que a ideia de progresso tem relação com a proposta moderna – sociedade disciplinar – de colocar ordem em todas as coisas, terminar com o caos, tornar todos os povos civilizados, ou seja, tirá-los da selvageria, alcançar a ordem, a linearidade, o avanço, a melhoria. Pode-se dizer que a noção de progresso tem relação com a naturalidade das relações econômicas e sociais nos séculos XVIII e XIX – sociedade de segurança,[3] que se articula de forma interessante com a sociedade disciplinar –, princípio do *laissez-faire*. O progresso, o marchar para a frente, seria uma consequência natural do processo estabelecido, assim como a política social ativa, intensa, generosa, que recompensaria e compensaria as desigualdades sociais seria um processo natural e necessário dentro da composição de uma unidade totalizante – sociedade de bem-estar social.

Acredito que, assim como a lógica do progresso estaria para o liberalismo – naturalidade, evolução, marchar para a frente –, a lógica do desenvolvimento estaria para o neoliberalismo – aumento da capacidade ou possibilidades de algo, crescimento –, o que não significa que uma lógica substitua a outra. Pelo contrário, elas se articulam, se complementam, se reinventam. No primeiro caso, interessa saber como numa sociedade política era possível

---

[3] Para aprofundar o tema sugiro a leitura de Foucault (2008a) e Foucault (2008b).

recortar e arranjar um espaço livre que seria o do mercado. No segundo caso, importa saber como se pode regular o exercício global político tendo-se como base os princípios de uma economia de mercado que devem ser relacionados e projetados numa arte geral de governar (FOUCAULT, 2008a).

Com a emergência do neoliberalismo, a lógica não será mais a da troca, mas a da concorrência – e a concorrência não é natural, portanto, precisa ser produzida constantemente. O princípio não será mais o do *laissez-faire*, mas o princípio de uma atividade, vigilância e intervenção permanentes (FOUCAULT, 2008a). Na lógica neoliberal, a ênfase da política social não será a compensação das desigualdades sociais, mas a capitalização de todas as classes econômicas tendo-se por instrumento o seguro individual e a propriedade privada (FOUCAULT, 2008a), ou seja, a todos deve ser garantido o acesso à concorrência. Foucault diz que, nessa lógica,

> [...] só há uma política social verdadeira e fundamental: o crescimento econômico. A forma fundamental da política social não deve ser algo que viria contrabalançar a política econômica e compensá-la; a política social não deveria ser tanto mais generosa quanto maior o crescimento econômico. O crescimento econômico é que, por si só, deveria permitir que todos os indivíduos alcançassem um nível de renda que lhes possibilitasse os seguros individuais, o acesso à propriedade privada, a capitalização individual ou familiar, com as quais poderiam absorver os riscos [...] (FOUCAULT, 2008a, p. 198).

Já é possível evidenciar o início desse redesenho social no contexto pós-Segunda Guerra Mundial. É claro que a grande explosão do neoliberalismo e daquilo que Bauman (2001) chama Modernidade Líquida se dará ao longo da década de 1980 e da década de 1990 – questão que exploro ao discutir as implicações da mudança de ênfase da administração para a gestão no Capítulo III.

No entanto, no período pós-Segunda Guerra Mundial, já é possível evidenciar muitas (des)continuidades nas formas de governamento do social: formas de tratar a pobreza; invenção do Terceiro Mundo a partir da noção de (sub)desenvolvimento; necessidade de planejamento, planificação e modernização; início do processo de centralidade da economia e necessidade de capitalização de todas as classes econômicas.

A partir de 1945, ao lado dos discursos sobre a importância da abertura internacional, teremos o crescimento e o fortalecimento dos movimentos nacionalistas. A abertura internacional foi fundamental para as intervenções dos países ditos de Primeiro Mundo nos países considerados, desde então, como sendo de Terceiro Mundo. Tais intervenções passaram a ser consideradas necessárias a partir da compreensão de que o desenvolvimento não se daria de forma natural. O nacionalismo, porém, diferentemente do nacionalismo europeu originado da Revolução Francesa, típico do século XIX e da primeira metade do século XX, que se identificava com as noções de expansionismo e hegemonia, passa a relacionar-se com as noções de autonomia[4] e anti-imperialismo (MAGNOLI, 1996). A autonomia, que, segundo o Dicionário Houaiss (2001, [s.p.]), significa "direito de reger-se segundo leis próprias", passa a ser perseguida tanto no nível do Estado – autonomia da nação – quanto no nível do sujeito – autonomia individual –, principalmente no período de 1945 a 1964, que é considerado o período de experiência democrática na História do Brasil.

Por mais que sigam sendo produzidas e sendo ressignificadas as políticas sociais que visam à compensação das desigualdades sociais, a ênfase aos poucos será redirecionada para a capitalização de todas as classes econômicas, tendo por instrumento o seguro individual e a propriedade privada. Diz-se que é preciso que todos os sujeitos sejam instrumentalizados e possam participar de forma autônoma das redes sociais e de mercado. Grande parte dessa reorganização que se iniciou em 1945 diz respeito ao lugar ocupado pela economia nas formas de governamento do social. Nas décadas de 1940, 1950 e 1960, temos o fordismo e o keynesianismo (Teoria do Pleno Emprego) e as teorias organizacionais da administração pública e da administração da educação; na década de 1970, grande parte das discussões dos economistas gira em torno da Teoria do Capital

---

[4] Conforme exploro na mudança de ênfase da administração para a gestão no Capítulo III, a autonomia na atualidade é um imperativo. Porém, diferentemente das discussões realizadas na área educacional, especialmente nos anos 1980, a autonomia numa lógica neoliberal e empresarial tem sido compreendida como responsabilização dos sujeitos e das instituições pelos sucessos e insucessos de suas escolhas e como desresponsabilização do Estado pela educação.

Humano;[5] as décadas de 1980 e 1990 podem ser consideradas décadas importantes para a reengenharia – mudança de ênfase da administração educacional para a gestão educacional; e, da década de 1990 em diante, temos a centralidade do empreendedorismo e da Teoria do Capital Humano como modos de ser e de estar no mundo, que são questões diretamente atreladas ao capitalismo flexível.

Nas décadas de 1940, 1950, 1960 e meados da década de 1970, a autonomia do indivíduo será circunscrita à famosa jaula de ferro, de Weber,[6] e ao Estado Nacional como entidade, de certa forma, localizável. Apesar de mostrar-se insatisfeito com as consequências pessoais da estabilidade e da transparência burocráticas, Weber admirava a militarização das instituições domésticas e enxergava, na pirâmide, certa contribuição para a justiça social (SENNETT, 2006). No modelo weberiano, o tempo é essencial, pois as funções são fixas e estáticas, mas, ao mesmo tempo em que a burocracia pode ser considerada uma prisão, a jaula de ferro também pode tornar-se um lar psicológico (SENNETT, 2006). Faço tais considerações não no sentido de dizer que a jaula de ferro e a burocracia desapareceram em meados da década de 1970. Meu objetivo é mostrar ao leitor que o primeiro movimento de capitalização de todos os indivíduos terá como mote principal as relações de trabalho e institucionais baseadas no modelo fordista e taylorista, sendo que o tempo fixo, as rotinas bem estruturadas, a burocratização e o modelo de pirâmide serão essenciais.

Harvey (2001) diz que o conjunto de práticas de controle de trabalho, hábitos de consumo, tecnologias e configurações de poder político-econômico do longo período de expansão do pós-guerra – de 1945 a 1973 – pode ser chamado de fordista-keynesiano. Esse mesmo autor (2001, p. 131) acredita que "o fordismo do pós-guerra tem de ser visto menos como um mero sistema de produção em massa do que como um modo de vida total".

---

[5] No Capítulo II, abordo a Teoria do Capital Humano e a educação como investimento.

[6] Embora Weber levantasse algumas questões, entre as quais, a mais conhecida foi a metáfora da "jaula de ferro", ele não procurava fazer prognósticos a respeito do desenvolvimento futuro da sociedade capitalista, mas buscava compreender as origens do capitalismo burguês com sua organização racional do trabalho (VILELA, 1999).

Mas, o que significa entender o fordismo como um modo de vida? Por que ele ganha tanta centralidade no período pós-guerra? Essa reorganização da sociedade envolvia um novo tipo de trabalhador, novos métodos de trabalho, um novo tipo de homem. Mudança e modernização estavam na ordem do dia. Toda essa reorganização não diz respeito apenas aos modos de produção, mas a um modo de vida, uma forma de ser e de estar no mundo. Além do fordismo, o taylorismo e o fayolismo são essenciais nesse contexto.

Os Princípios da Administração Científica, de Frederick Winslow Taylor, publicado em 1911, e a Administração Industrial e Geral, de Henry Fayol, que foi escrito em 1916 e teve grande influência na Europa, ganham espaço no contexto latino-americano no período pós-guerra. O fordismo aliou-se firmemente ao keynesianismo. Para um economista como Keynes, o problema era "chegar a um conjunto de estratégias administrativas científicas e poderes estatais que estabilizassem o capitalismo" (HARVEY, 2001, p. 124).

O segundo movimento de capitalização de todos os indivíduos diz respeito a mudanças significativas nas formas de conceber o trabalho e nas formas de conceber o capital – Teoria do Capital Humano/sujeito empresário de si mesmo –, questões que serão exploradas nos próximos capítulos.

Faço essas observações para mostrar como, no período pós-guerra, vemos desenharem-se questões que são centrais na atualidade – desenvolvimento, necessidade de intervenção, solidariedade internacional, seguro individual, autonomia nacional e individual, importância do respeito à diversidade e da participação de todos nas redes sociais e de mercado –, mas tendo a acuidade de um olhar que vê continuidades e descontinuidades nesses diferentes tempos/espaços.

Pode-se dizer que tanto a administração quanto a gestão[7] da educação, compreendidas neste livro a partir de sua constituição

---

[7] Não significa que os discursos sobre administração educacional não continuem em circulação. Refiro-me aqui a uma mudança de ênfase que hoje recai muito mais sobre a gestão educacional. Importa dizer que, ao entrar em contato com uma série de discussões realizadas por autores da Área da Administração que abordam hoje a gestão de pessoas, a gestão de negócios, a gestão empresarial, entre outras, percebi que alguns deles entendem a gestão como um ferramental que contribui para a eficácia e para a eficiência da administração (MORAES, [s.d.]). Em seu livro *Introdução à Gestão*

CONDIÇÕES DE POSSIBILIDADE DE EMERGÊNCIA DA
ADMINISTRAÇÃO EDUCACIONAL NO BRASIL

histórica, colocam em funcionamento um conjunto de práticas que são utilizadas estrategicamente no governamento da população. A administração está muito vinculada à Modernidade sólida e ao capital material, ou seja, ao primeiro movimento de capitalização dos sujeitos. Por sua vez, a gestão (enfoque gerencial) está relacionada com a Modernidade líquida[8] e com o segundo movimento de capitalização dos indivíduos (empresariamento da sociedade e empresariamento de si). Há uma "sucessão de estratégias e subestratégias de desenvolvimento até a atualidade, sempre dentro dos limites do mesmo espaço discursivo" (Escobar, 2007, p. 91). A administração e, na atualidade, a gestão são fundamentais no governamento da população, pois através delas se dá toda a organização dos tempos, dos espaços, das instituições. Para administrar e/ou gerir, é preciso contabilizar, estabelecer metas, planejar, executar o que foi planejado, verificar os resultados, entre outras ações.

Deve-se dizer que a necessidade de desenvolvimento, de intervenção e de modernização da sociedade não exclui as ênfases

---

Empresarial, Moraes (s.d.) diz que os instrumentos da gestão são úteis para a administração, ou seja, eles são meios que auxiliam a tarefa empresarial a cargo da administração. Faço essas ressalvas para mostrar algumas discussões que ocorrem na Área da Administração. Inclusive, alguns autores dizem que os instrumentos da gestão são úteis para a administração, ou seja, eles são meios que auxiliam a tarefa empresarial a cargo da administração (MORAES, [s.d.]). Continua-se falando na administração educacional, na administração de empresas, enfim. Porém, quando faço referência à mudança de ênfase da administração educacional para a gestão educacional, refiro-me mais a formas diferentes de conceber a administração. Acredito que existe uma mudança de ênfase nas formas de administração do modelo fordista, taylorista e fayolista para as formas de administração que se valem de instrumentos de gestão de pessoas, gestão de negócios, gestão de sucessos, gestão empresarial, gestão da educação, autogestão. A gestão implica uma série de meios e formas que envolvem um tipo de administração, uma forma de administrar coisas, pessoas, organizações, corporações. A gestão está relacionada com a flexibilidade, com o funcionamento das redes e não das pirâmides, novas formas de organização do trabalho, a gestão de pessoas, o capital imaterial e o capital humano.

[8] Bauman (2001), cita dois elementos que caracterizam a passagem da Modernidade sólida para a Modernidade líquida: o primeiro é o colapso gradual da crença moderna de que há um fim no caminho em que andamos, de que há um estado de perfeição a ser atingido no futuro; o segundo está relacionado com a desregulamentação e com a privatização das tarefas e dos deveres modernizantes.

anteriores, como é o caso, por exemplo, dos discursos progressistas tradicionais; pelo contrário, elas se hibridizam, se articulam e se reinventam de uma forma muito interessante e produtiva.

Conforme eu já havia abordado anteriormente, a noção de progresso, de marchar para frente, era considerada natural. O termo "desenvolvimento" no contexto anterior à década de 1930 também tinha a conotação de naturalidade. Arndt (*apud* ESCOBAR, 2007) aponta duas exceções do início do século XX que não se valeram do sentido naturalista: o trabalho de Schumpeter sobre o desenvolvimento econômico que foi publicado em alemão em 1911 e o trabalho de alguns historiadores do império britânico. Ambas diziam que o desenvolvimento econômico não se constituía enquanto um processo histórico inevitável, mas era uma atividade que devia ser promovida pelo Governo.

Em 1951, o Departamento de Assuntos Econômicos da ONU publica o relatório denominado *Measures for the Economic Development of Under-Developed Countries* – considerado um dos documentos mais influentes da época no processo de reestruturação da sociedade –, preparado por uma comissão de especialistas, entre eles, dois nomes importantes da economia do desenvolvimento do pós-guerra: W. Arthur Lewis e Theodore W. Schultz.

Esse documento é fundamental para compreendermos a lógica da planificação defendida na política desenvolvimentista. O relatório, que tem o perfil de um diagnóstico, aponta os aspectos patológicos das economias latino-americanas e as condições e meios favoráveis na construção de uma sociedade sadia (MORAES, 1995). Segundo o relatório: "Para a agenda dos líderes do país, cabe, portanto, todo um programa político – que parte da educação leiga e experimental, passa por uma reforma de estrutura agrária e chega à constituição de um Estado 'moderno', aberto à mobilidade social" (MEASURES *apud* MORAES, 2005, p. 34-35). Entre as instituições que inibem a mudança de atitude, o documento destaca: os Governos instáveis ou arbitrários, porque estes não garantiriam a propriedade e os ganhos dos que se empenham, ou seja, a livre concorrência; as formas de propriedade, sobretudo o trabalho preso à terra, que seria desfavorável à inovação, à eficiência, à mobilidade e ao investimento; as discriminações de raça, etnias, oportunidades, que inviabilizam a iniciativa de potenciais empreendedores e reduzem a mobilidade social, que é imprescindível para estimular a inovação (MEASURES *apud* MORAES, 2005).

Para que a América Latina se constituísse como um continente desenvolvido, deixando para trás os aspectos patológicos considerados característicos do subdesenvolvimento, apontava-se como necessário: um novo sistema social, não mais baseado na antiga distinção entre Estado e economia, tão cara aos economistas clássicos e neoclássicos; o desenvolvimento de esquemas institucionais que promovessem a modernização, de forma que antigas "filosofias têm de ser varridas; velhas instituições sociais têm de ser desintegradas: laços de casta, credo e raça têm de ser queimados" (MEASURES *apud* MORAES, 2005, p. 35); a capitalização de toda a população – sem discriminação de raça, etnia, oportunidades –, principalmente através de um programa político de educação para todos. A educação é central nesse contexto. Como é possível perceber, a questão não é mais no que o Governo deve mexer e no que o Governo não deve mexer, mas a necessidade de intervenção. Aos poucos, de "parceiro intangível do *laissez-faire*, o *Homo œconomicus* aparece [...] como o correlativo de uma governamentalidade que vai agir sobre o meio e modificar sistematicamente as variáveis do meio" (FOUCAULT, 2008a, p. 369).

Em um primeiro momento, os *experts* da economia acreditavam que o desenvolvimento, a modernização e as mudanças sociais pudessem ser produzidas através de uma administração objetiva e racional. Na atualidade, acredita-se que o desenvolvimento, a inovação e as mudanças sociais poderão ser alcançadas através de uma gestão que envolve um alto grau de flexibilidade: autogestão, gestão compartilhada, gestão de pessoas, gestão de negócios.

Apesar de já haver toda uma discussão sobre a importância da educação para a modernização antes da Segunda Guerra, a teoria da modernização surge no período pós-guerra como resultado da avaliação das transferências de capital dos Estados Unidos para os países devastados da Europa Ocidental, Ásia, América Latina e colônias africanas recém-libertadas (CUNHA, 1989).

No contexto da época, acreditava-se que alguns países com a população suficientemente educada para a sociedade moderna conseguiam aproveitar o capital para a ordenação da economia à imagem da eficiência norte-americana; em outros, com a população deseducada, capaz apenas de viver na sociedade tradicional, os recursos eram aplicados em obras suntuosas, as fábricas iam à falência e os operários desertavam, mal eram treinados (Cunha, 1989).

Se a educação é crucial nesse contexto, é preciso expandi-la e administrá-la. Conforme abordei no início deste capítulo, a pobreza, o analfabetismo e as patologias eram considerados um perigo para a prosperidade. No decênio de 1950, o secretariado da ONU, seu Departamento de Assuntos Econômicos, o Conselho Econômico e Social e as Comissões Especializadas desenvolveram inúmeras análises e programas de assistência técnica que previam que o desenvolvimento mais rápido dos países subdesenvolvidos era essencial para o crescimento e para a manutenção da paz e da segurança mundiais (Moraes, 1995).

Pode-se dizer que, por mais que inúmeras discussões sobre a administração educacional − que foram retomadas posteriormente − tivessem ocorrido ao longo do período de 1930 a 1945, a administração como um problema de ordem pública encontrou condições para a sua emergência no período pós-guerra. Como a necessidade de administração está diretamente relacionada com a questão do desenvolvimento, para que a sociedade se desenvolva, é preciso intervir através de um planejamento e de uma administração pública da educação, da saúde, do social, da cultura. A modernização pedagógica será central nesse contexto. Como nos diz Veiga-Neto,

> [...] as práticas são sempre contingentes; elas simplesmente acontecem numa sucessão temporal. É claro que nessa sucessão elas implicam-se encadeadamente; mas isso não pressupõe nem um desígnio prévio, pré-traçado por um motor a empurrar os acontecimentos, nem um atrator teleológico na direção do qual se sucederiam necessariamente os acontecimentos (Veiga-Neto, 2006, p. 84-85).

Na época do Manifesto, por exemplo, os protagonistas reuniam-se numa formação autoritária − católicos, fascistas e defensores da ordem estabelecida − e numa formação liberal − tendência elitista e tendência igualitarista, que defendiam uma educação nova (Cunha *apud* Teixeira, 2007). Ao questionar-se sobre o fato de as ideias de Anísio Teixeira e de Fernando de Azevedo, dois pioneiros da Escola Nova,[9] liberal-democratas, terem penetração

---

[9] Para uma discussão mais aprofundada sobre os ideários da Escola Nova e sobre a modernização pedagógica, sugiro a leitura de Coutinho (2008) e de Klein (2010).

numa ditadura simpática a algumas ideias fascistas, Gadelha (2009) diz que o imperativo biopolítico de constituição de uma juventude brasileira e de sua mobilização no sentido do fortalecimento de uma nacionalidade brasileira deveria ser conquistado por processos e políticas de normalização e regulamentação.

É em nome dessa regulamentação da população que os inquéritos são fundamentais. Em fins de 1931, Anísio Teixeira é chamado a dirigir o sistema público de educação do Rio de Janeiro. Segundo Teixeira (2007), o primeiro trabalho que tentaram realizar foi a criação de análises e inquéritos que permitissem criar uma diferenciação e classificação das escolas, o que ainda não existia. A primeira revelação que tiveram a partir dos inquéritos foi a profunda desigualdade e desuniformidade das escolas, informação que conduziu toda a obra de reconstrução escolar (TEIXEIRA, 2007). A partir da estatística geral da população em idade escolar, foi possível perceber a necessidade de administração do ensino, principalmente no que tangia à classificação e à distribuição dos alunos (TEIXEIRA, 2007).

A primeira lei brasileira sobre recenseamentos foi a Lei nº 1829, sancionada em 1870, ainda durante o Império, e o primeiro censo foi realizado em 1872, seguido pelos censos de 1890 e 1900, todos considerados problemáticos quanto à sua cobertura e qualidade (OLIVEIRA; SIMÕES, 2005). Em 1910 e 1930, não foram realizados os censos, e em 1920 foi realizado um Censo Demográfico já rico em detalhes, mas, segundo avaliações realizadas posteriormente por Giorgio Mortara, o censo sobrestimou em 10% a população (OLIVEIRA; SIMÕES, 2005). Em 1936, foi criado o Instituto Brasileiro de Geografia e Estatística (IBGE), sendo que em 1940, com a participação do demógrafo italiano imigrado para o Brasil, inicia-se uma nova etapa na história das estatísticas. Segundo esses mesmos autores, atendendo aos padrões internacionais da época – uniformidade e comparabilidade dos resultados com outras nações –, o Brasil participa, em 1946, do programa de censos simultâneos, proposto pelo Comitê do Censo das Américas. Eles afirmam que é em 1940 e em 1950 que são criadas de forma efetiva as condições para que se iniciem estudos demográficos abrangendo o conjunto do país.

É interessante observar que, por mais que existam inúmeras tentativas anteriores de contabilizar a população, a necessidade de atender aos padrões internacionais de 1946 em diante faz com que a estatística, assim como a administração, estejam mais do que nunca na ordem do dia. O recenseamento geral de 1950, por exemplo, orientou-se por recomendações da ONU, integrando-se no Censo das Américas de 1950, que foi promovido pelo Instituto Interamericano de Estatística (IBGE, 1955).

Em 1960, em uma mensagem apresentada ao Congresso Nacional na abertura da sessão legislativa, Juscelino Kubitschek de Oliveira (diz que:

> A alta proporção de 51% de analfabetos na população de 15 anos, e mais, registrada pelo censo de 1950 e representada, em números absolutos, pelo contingente de 15 milhões, mostra quanto é grave a responsabilidade dos dirigentes e dos grupos mais esclarecidos do país (OLIVEIRA *apud* BRASIL, 1987, p. 333).

A partir da noção de Terceiro Mundo e de subdesenvolvimento, a educação passa a ser um dos caminhos para que o país possa sair dessa condição. Isso fica claro em outro excerto da fala do presidente da República Juscelino Kubitschek de Oliveira ao referir-se à necessidade de os brasileiros estarem preparados para as tarefas do desenvolvimento econômico.

> Por tudo quanto foi dito, ver-se-á que o Governo Federal, em matéria de ensino primário, tem em mira, especialmente, conjugar os esforços públicos, em suas várias esferas, para que se atinja o ideal de uma escola primária pública, gratuita, obrigatória e universal, onde se processe, de modo ativo, o amálgama da nacionalidade, e, no limiar da vida, possa o brasileiro preparar-se para as tarefas do desenvolvimento econômico, e, ao mesmo tempo, habilitar-se para o exercício da cidadania (OLIVEIRA *apud* BRASIL, 1987, p. 333).

O que temos na década de 1930 são algumas tentativas incipientes de contabilizar a população. No contexto da época, Anísio Teixeira (2007) destacava a necessidade de um estudo das condições de matrícula e frequência escolar. Tal estudo era considerado essencial para um melhor aproveitamento dos prédios, a distribuição dos professores e o cumprimento da obrigatoriedade escolar; enfim, os dados seriam fundamentais para a existência de um Sistema de Ensino, e não mais de um aglomerado de escolas que funcionavam de forma independente. Segundo esse mesmo autor, a unidade do Sistema Escolar tinha que ser o aluno, que deveria ser conhecido e acompanhado através do Sistema Escolar.

CONDIÇÕES DE POSSIBILIDADE DE EMERGÊNCIA DA
ADMINISTRAÇÃO EDUCACIONAL NO BRASIL

Teixeira (2007) acreditava que tal acompanhamento não poderia ser feito pelo diretor ou pelo professor, pois eles não teriam como acompanhar o trânsito do aluno, de forma que apenas um serviço geral poderia assumir essa responsabilidade. Conforme veremos mais adiante, por mais que se fale em autonomia da instituição escolar, a administração do ensino é pensada de forma absolutamente centralizada.[10] Teixeira diz que:

> É evidente que as escolas, entregues exclusivamente aos seus diretores e, em cada distrito, a um inspetor, constituíam, dentro do sistema escolar, outros tantos sistemas. Todos os problemas eram resolvidos dentro das possibilidades de cada escola, sem relação com as demais e quase sem controle central. Havia – e aí se focaliza a principal dificuldade oposta aos serviços centrais – uma despropositada autonomia, que só raramente, por exceção, poderia ser salutar (TEIXEIRA, 2007, p. 141).

Apesar de discutir a centralização do Sistema de Ensino e a uniformidade das escolas, Teixeira defendia a importância da democracia e do controle da educação por parte das forças sociais, e não somente pela Igreja ou pelo Estado. Como todos os órgãos da sociedade teriam função educativa, a escola era considerada a instituição planejada para educar, mas a educação deveria se processar permanentemente em toda a sociedade (TEIXEIRA, 2007). Era preciso "dar à educação uma direção que a coloque a salvo das invertidas da politicagem e, conjuntamente, lhe resguarde a independência e a liberdade, para se desenvolver dentro das próprias forças sociais que deve representar" (TEIXEIRA, 2007, p. 58). Temos aqui, mais

---

[10] Quando discutirmos a mudança de ênfase da administração para a gestão no Capítulo III, veremos o quanto a "autonomia" e a descentralização na tomada de decisões são essenciais na atualidade. Porém, tal autonomia e descentralização não significam menos regulação. Na atualidade, ao mesmo tempo em que a autonomia passa a ser um imperativo, vemos cada vez mais a presença de um Estado Avaliador que reúne os dados de todas as iniciativas autônomas e fragmentadas. Na atualidade, quem deve acompanhar os alunos que evadem e que faltam muito às aulas é a equipe diretiva da escola. Os professores preenchem a Ficha de Comunicado ao Aluno Infrequente (FICAI) a cada cinco faltas dos alunos e a entregam para a equipe diretiva, que deve tomar as medidas necessárias: visita às famílias, preenchimento de relatórios, comunicado às Secretarias de Educação e ao Conselho Tutelar. Conforme discutirei adiante, cada vez mais os sucessos e os insucessos da instituição escolar são de responsabilidade dos professores e da equipe diretiva.

uma vez, a recorrente discussão das democracias liberais sobre a importância da autonomia individual e da segurança coletiva.

O novo Sistema de Ensino foi constituído pelos seguintes serviços técnicos e administrativos de centralização, coordenação e de inspeções especializadas:

> [...] a) Matrícula e Frequência Escolares; b) Classificação e Promoção de Alunos; c) Programas Escolares; d) Obras Sociais Escolares, Periescolares e Pós-Escolares; e) Educação de Saúde e Higiene Escolar; f) Educação Física; g) Música e Canto Orfeônico; h) Ensino Secundário Geral e Profissional; i) Prédios e Aparelhamentos Escolares; j) Estatística e Cadastro; k) Expediente e Publicidade Administrativa; l) Pessoal e Arquivo; m) Contabilidade (TEIXEIRA, 2007, p. 132-133).

A Diretoria-Geral, através do Serviço de Classificação e Promoção dos alunos, iniciou estudos estatísticos procurando mapear as idades, os índices de repetência e os níveis de inteligências para fazer as classificações necessárias (TEIXEIRA, 2007). Porém, como o próprio autor salienta, os processos de verificação no Brasil ainda estavam em fase de adaptação, sendo extremamente difícil a sua aplicação a grandes massas de alunos. Anísio Teixeira (2007) enfatiza a necessidade de acesso e de sucesso escolar, de modo que uma "nova política educacional impôs-se. Não basta haver escolas para os mais capazes: é indispensável que haja escolas para todos. Não basta haver *escolas para todos*: é indispensável que *todos aprendam*" (p. 157, grifos do autor); para que todos tivessem sucesso escolar, era necessário ter em mente que a "classificação e a promoção não podiam ser uniformes como em uma escola seletiva, mas variadas e flexíveis como o exigem as escolas populares, para todos" (p. 174). Evidencia-se aí a necessidade de uma "boa" administração educacional, questão que será abordada na próxima seção a partir do tripé *educação, desenvolvimento e administração*.

Educação, desenvolvimento e administração

> *A elaboração de um programa geral de desenvolvimento requer dados prévios fundamentais. Em primeiro lugar, é necessário determinar de antemão a taxa de crescimento que deverá alcançar a economia durante o período de vigência do programa, assim*

> *como o volume de inversões necessário para chegar a ela. Somente partindo desses dados básicos se poderão cobrir as etapas seguintes da programação [...].*
>
> CEPAL, 1998, p. 245

> *Sinal de boa administração é a formação metódica, perseverante dos agentes de todas as classes e de todos os graus, de que se tem necessidade. Alguns anos de hábeis esforços podem proporcionar a esse respeito maravilhosos resultados [...].*
>
> FAYOL, 1968, p. 153

> *Como qualquer entidade, a família tem necessidade de administração, isto é, de previsão, de organização, de comando, de coordenação e de controle. A família poderia ser uma excelente escola de administração [...] Mas não é assim. Cada qual crê possuir a respeito noções suficientes e segue sua inspiração ou deixa as coisas andarem ao sabor dos acontecimentos [...].*
>
> FAYOL, 1968, p. 154

Iniciei esta seção com três excertos que apontam algumas discussões em voga na década de 1950. O primeiro excerto diz respeito a um texto escrito pela CEPAL em 1955, intitulado *Introducción a la técnica de programación*. Entre as questões apresentadas no excerto, destacam-se: a necessidade de dados prévios – mapeamento da população, estatísticas – e de um planejamento – estabelecimento de metas – ao se elaborar um programa geral de desenvolvimento. Os dois excertos seguintes foram retirados do livro *Administração Industrial e Geral*, de Henry Fayol, que foi publicado em Paris em 1916, mas teve a sua primeira edição traduzida para o português em 1950. Lendo o livro de Fayol, é possível perceber que a boa administração tem como tarefa o planejamento detalhado das ações, dos tempos/espaços, das organizações. Como ele mesmo diz, qualquer entidade tem necessidade de administração, inclusive a família, e a administração envolve previsão, organização, comando, coordenação e controle.

A administração pública é amplamente discutida durante esse período no Brasil. A população precisava ser educada (na família, na escola, na fábrica e em outros espaços) para incluir a administração no seu cotidiano. Porém, a administração ainda não estava consolidada, naturalizada entre a população, tanto que, como diz

Fayol (1968), muitas pessoas acabavam seguindo sua inspiração e deixavam as coisas acontecerem. Lembro-me, aqui, mais uma vez, da discussão que fiz anteriormente sobre o progresso como algo natural e o desenvolvimento como algo que precisa de intervenção e de administração. Portanto, é preciso naturalizar a administração ou, como diz Fayol (1968), instilar, no espírito das crianças, princípios, procedimentos e métodos. O conceito de administração é essencial para os *experts* da época, pois eles acreditam que, através de uma organização racional e objetiva, a mudança social pode ser impulsionada, produzida e dirigida (ESCOBAR, 2007).

No *Caderno de Administração Escolar* intitulado *Formação de Administradores Escolares*, Brejon diz que:

> [...] grande amplitude e interesse que vem assumindo a necessidade da boa administração das atividades escolares. Entre os fatos bastaria que considerássemos a grande importância que a *educação* vem assumindo com relação aos problemas do *desenvolvimento* notadamente no tocante à *luta contra a doença, a pobreza e a ignorância*. Luta em benefício da elevação do nível de vida, da modernização e do aperfeiçoamento das instituições, do aumento da produtividade de todos os setores da economia, especialmente pelo incremento das capacidades da população (BREJON, 1968, p. 41-42, grifos meus).

A educação passa a ser a grande bandeira de luta contra a doença, a pobreza e a ignorância – características que deveriam ser abolidas para que o país se modernizasse, se desenvolvesse economicamente e aperfeiçoasse suas instituições. Porém, para que isso acontecesse, como bem nos diz Brejon (1968), fazia-se necessária a boa administração das atividades escolares.

O primeiro estudo sobre a administração do ensino no Brasil foi escrito em 1941 por Lourenço Filho, criador e primeiro diretor do Instituto Nacional de Estudos Pedagógicos, o INEP. Tal estudo aponta que o atraso do estado do conhecimento sobre a administração da educação no país tem relação com a limitada atenção dada ao estudo da administração pública brasileira (SANDER, 1982). Penso que temos aqui um ponto crucial sobre duas questões que percorrem as relações entre educação e administração. O primeiro deles diz respeito à necessidade de administração da educação a partir de um determinado período histórico. O segundo, completamente atrelado ao primeiro, refere-se à relação entre administração da educação e administração pública. Quando se começa a falar da necessidade de administração para o desenvolvimento da sociedade brasileira, diz-se ser necessário administrar a saúde, a educação, o social, a família, o trabalho.

Apesar de o Curso de Administração Escolar ter sido organizado no Brasil de forma inicial na década de 1930, até o final dos anos 1950, a situação dos professores da área era bastante precária e o Sistema Escolar não valorizava a carreira de administrador escolar de forma sistemática (CATANI; GILIOLI, 2004). Pode-se dizer que existe uma relação de imanência entre necessidade de administração pública brasileira e necessidade de administração da educação, tanto que o enfoque organizacional de caráter pragmático e técnico será adotado por um longo período como forma de ordenação da sociedade, dos assuntos públicos e da educação. A teoria administrativa dessa época baseia-se nos princípios da administração clássica preconizados por Henry Fayol na França e por Frederick W. Taylor nos Estados Unidos da América, entre outros. Segundo Sander (1982), os princípios da Administração Clássica foram mantidos pelos especialistas da administração da educação que participaram do I Simpósio Brasileiro de Administração Escolar,[11] organizado por Querino Ribeiro em fevereiro de 1961, ocasião na qual foi fundada a atual Associação Nacional de Política e Administração da Educação.[12] No *Caderno de Administração Escolar* intitulado *Introdução à Administração Escolar*, Ribeiro diz que:

> Nessa reconstrução contínua, notamos, desde logo, que a dominante foi a redução paulatina de área até chegar ao ponto

---

[11] O I Simpósio foi o resultado de muitos esforços realizados desde meados da década de 1950 por professores de ensino superior que ministravam a disciplina Administração Escolar e Educação Comparada. Estavam presentes no encontro representantes da Escola de Administração de Empresas, uma vez que o campo disciplinar da Administração passava por um momento de reconfiguração e sistematização tanto na área da Pedagogia quanto na Administração Geral (CATANI; GILIOLI, 2004).

[12] É importante ressaltar que, de Associação Nacional de Professores de Administração Escolar, passou a se chamar Associação Nacional de Profissionais de Administração Escolar em 1971. Em 1980, seu nome foi alterado para Associação Nacional de Profissionais de Administração da Educação, assumindo depois, em 1996, a denominação que permanece até hoje: Associação Nacional de Política e Administração da Educação, mantendo a sigla ANPAE durante toda a sua existência" (CATANI; GILIOLI, 2004, p. 105).

em que nos encontramos hoje e que pode ser definido como aquele que, a partir da doutrina de Fayol e de outros estudos europeus e americanos (Dottrens, Cubberley, Moehlman, Reeder, Sears, Simon, Thompson), chegou-se a uma formulação mais adequada de uma teoria da administração, sem pretensão de originalidade, mas certamente com pretensões de arranjo mais lógico e ajustado aos fins específicos da docência que exercemos (RIBEIRO, 1968, p. 26).

Consultei os estudos realizados por Fayol, Dottrens, Cubberley, Moehlman, Reeder, Sears, Simon e Thompson e selecionei dois deles: *Administração Industrial e Geral*, de Henri Fayol, e *A crise da educação e seus remédios*, de Robert Dottrens. Penso que esses dois livros nos dão subsídios para compreendermos alguns dos contornos da administração da fábrica – período importante de industrialização e de modernização –, da administração da sociedade e da administração da educação.

As teorias clássicas da administração lideradas por Taylor e Fayol emergiram na época da Primeira Guerra Mundial. Como comentei anteriormente, o livro *Administração Industrial e Geral*, de Henry Fayol, foi publicado em Paris em 1916 e teve a sua primeira edição traduzida para o português em 1950.

Fayol diz que todos "têm necessidade, em maior ou menor grau, de noções administrativas. Na família, nos negócios do Estado, a necessidade de capacidade administrativa está em relação com a importância da empresa; para os indivíduos, essa necessidade é tanto maior quanto mais elevada é a posição que ocupam", de forma que é necessário "esforçar-se para inculcar as noções administrativas em todas as classes sociais. A escola desempenhará, evidentemente, um papel considerável nesse ensino" (FAYOL, 1968, p. 38-39).

Segundo o que já havia nos dito Anísio Teixeira, como pensar numa educação de massas, como sair da situação de desigualdade e fragmentação das/entre as regiões sem a devida administração da educação? De acordo com Fayol:

> [...] *Administrar* é prever, organizar, comandar, coordenar e controlar. *Prever* é perscrutar o futuro e traçar o programa de ação. *Organizar* é constituir o duplo organismo, material e social da empresa. *Comandar* é dirigir o pessoal. *Coordenar* é ligar, unir e harmonizar todos os atos e todos os esforços. *Controlar* é velar para que tudo corra de acordo com as regras estabelecidas e as ordens dadas (FAYOL, 1968, p. 21, grifos do autor).

E é justamente por ser compreendida dessa forma, que a administração não é um privilégio de um chefe ou de um dirigente, mas é uma tarefa que se reparte entre a cabeça e os membros do corpo social (FAYOL, 1968). A coordenação, a organização, o comando e o controle são considerados essenciais nesse processo. Isso envolve um alto grau de centralização e de burocratização, questões que serão discutidas e problematizadas nas décadas posteriores.

Entre os princípios gerais de administração, Fayol (1968) destaca: a divisão do trabalho; a autoridade e a responsabilidade; a disciplina; a unidade de comando; a unidade de direção; a subordinação do interesse particular ao interesse geral; a remuneração do pessoal; a centralização; a hierarquia; a ordem; a equidade; a estabilidade do pessoal; a iniciativa; a união do pessoal.

Na administração, além de um alto grau de centralização no comando, a rotina[13] é fundamental. A importância da rotina é enfatizada por Fayol quando este se refere à divisão do trabalho. Fayol diz que:

> O operário que faz todos os dias a mesma peça, e o chefe que trata constantemente dos mesmos negócios adquirem mais habilidade, mais segurança e mais precisão e, consequentemente, aumentam de rendimento. Cada mudança de ocupação ou de tarefas implica um esforço de adaptação que diminui a produção (FAYOL, 1968, p. 45).

Ao referir-se à estabilidade do pessoal, o autor reforça que:

> É necessário muito tempo, com efeito, para tomar conhecimento dos homens e das coisas de uma grande empresa, para estar em condições de formular um programa de ação, para adquirir confiança em si mesmo e inspirar confiança aos outros. Constata-se, amiúde, que um chefe de mediana capacidade, mas estável, é infinitamente preferível a chefes de alta capacidade, porém instáveis (FAYOL, 1968, p. 71).

Destaco, aqui, duas questões que são essenciais nessa lógica da administração. A primeira delas diz respeito à organização piramidal, que muitos chamarão de centralização do poder. A segunda relaciona-se à perícia e à possibilidade de construção

---

[13] Rotina que hoje é abolida. Na lógica atual da gestão, o termo "inovação" está na ordem do dia. Pode-se dizer que a inovação é uma das descontinuidades em relação à doutrina da administração tradicional.

de uma narrativa de vida que seria favorecida por meio da rotina. Tanto a organização piramidal quanto a perícia e a rotina, questões que estão absolutamente articuladas, serão questionadas posteriormente em nome da descentralização do poder, do aumento de participação da sociedade na tomada de decisões e da democratização da máquina pública, passando por um movimento que envolve certa fobia ao Estado.

Na aula do dia 31 de janeiro de 1979, Foucault (2008a) discute a fobia ao Estado – considerado uma espécie de universal político – e afirma que, ao invés de tentar arrancar do Estado o seu segredo, prefere passar para o lado de fora e investigar o problema do Estado a partir das práticas de governamentalidade.[14] Segundo o autor, o Estado não é um universal, não tem essência, não é em si uma fonte autônoma de poder; o Estado nada mais é do que o efeito, o recorte móvel de perpétuas estatizações que fazem deslizar os centros de decisão, as relações entre autoridades locais e autoridade central – ou seja, o Estado nada mais é do que o efeito móvel de um regime de governamentalidades múltiplas. As lutas por menos Estado, que acabaram por questionar grande parte das questões implicadas em formas de governamento do social constituídas no período estudado neste capítulo, estão altamente implicadas nas formas atuais de governamentalidade. Ao contrário do que se pensa, a repulsa "à rotina burocrática e a busca da flexibilidade produziram novas

---

[14] Na aula do dia 1º de fevereiro de 1978 do Curso *Segurança, território e população*, Foucault (2008b) elabora três definições para a noção de governamentalidade. Como ele próprio diz: "Por esta palavra, 'governamentalidade', entendo o conjunto constituído pelas instituições, os procedimentos, análises e reflexões, os cálculos e as táticas que permitem exercer essa forma bem específica, embora muito complexa, de poder que tem por alvo principal a população, por principal forma de saber a economia política e por instrumento técnico essencial os dispositivos de segurança. Em segundo lugar, por 'governamentalidade' entendo a tendência, a linha de força que, em todo o Ocidente, não parou de conduzir, e desde há muito, para a preeminência desse tipo de poder que podemos chamar de 'governo' sobre todos os outros – soberania, disciplina – e que trouxe, por um lado, o desenvolvimento de toda uma série de aparelhos específicos de governo [e, por outro lado], o desenvolvimento de toda uma série de saberes. Enfim, por 'governamentalidade', creio que se deveria entender o processo, ou antes, o resultado do processo pelo qual o Estado de justiça da Idade Média, que nos séculos XV e XVI se tornou o Estado administrativo, viu-se pouco a pouco 'governamentalizado'" (FOUCAULT, 2008b, p. 143-144).

estruturas de poder e controle, em vez de criarem as condições que nos libertam" (SENNETT, 2004, p. 54). A analítica foucaultiana, ao propor que é preciso passar para o lado de fora e interrogar o problema do Estado a partir das práticas de governamentalidade, propõe uma virada na forma de olhar. Trata-se de uma análise externalista que implica situar-se "pelo 'lado de fora' dos cânones daquela racionalidade iluminista, para tentar entender como viemos nos tornar o que somos, como viemos parar onde estamos" (VEIGA-NETO, 1995, p. 11-12). Isso não significa que os diferentes movimentos sociais que tomam o Estado como um universal não sejam importantes, porém, partem de uma mesma matriz, de uma mesma racionalidade, ou seja, fazem uma análise internalista.

A repulsa à rotina e à lógica da pirâmide, por exemplo, implicam novas estruturas de poder e controle. Eis a importância do entendimento de poder em Michel Foucault como algo microfísico, capilar, produtivo, como uma ação sobre ações.

Em seu livro *A corrosão do caráter*, Sennett (2004) faz referência a Enrico, um trabalhador que ele conheceu nos Estados Unidos na década de 1970. Segundo o autor, o que mais o impressionou em Enrico e em sua geração foi a linearidade do tempo em suas vidas, de modo que as conquistas eram cumulativas: aumento da poupança, medição da vida doméstica por meio das melhorias realizadas na casa de fazenda – ou seja, o tempo no qual viviam era previsível. A lógica da rotina, da pirâmide, da estabilidade, é característica essencial da administração industrial, da administração geral e da administração da educação de meados da década de 1940 até o início da década de 1980. Muitas pessoas seguem, na atualidade, pautando suas vidas dentro dessa lógica.

Num primeiro momento, a administração envolveu uma organização muito rígida dos tempos e dos espaços, de modo que os mecanismos disciplinares foram essenciais nesse contexto. Importa dizer que a disciplina analisa e decompõe os indivíduos e os lugares; classifica os elementos em função de determinados objetivos; estabelece sequências ou coordenações; fixa os procedimentos de adestramento progressivo e controle permanente (FOUCAULT, 2008b). É claro que temos em funcionamento, desde a década de 1930, toda uma biopolítica da população, que vai sendo refinada, aprimorada, colocada em funcionamento. Os dispositivos de segurança são exercidos sobre o conjunto da população, e aqui temos uma articulação interessante entre esses dispositivos e os dispositivos disciplinares.

A partir principalmente da década de 1970, a rigidez e a burocracia serão altamente problematizadas, de tal forma que, na atualidade, em nome da permanente inovação, existem vários movimentos que visam abolir a rotina. Viver em permanente instabilidade buscando novos desafios parece também se apresentar como uma forma de vida no tempo presente.

Apesar de todas as críticas feitas à rigidez da organização do tempo/espaço, tal rigidez permitia que as pessoas formassem "uma narrativa de vida e relações sociais no interior da instituição", de forma que é possível dizer que o "preço que os indivíduos pagavam pelo tempo organizado podia ser a liberdade ou a individualidade; a 'jaula de ferro' era ao mesmo tempo prisão e lar" (SENNETT, 2006, p. 165-166).

Segundo Fayol (1968), a estabilidade é fundamental, sendo preferível um chefe menos capacitado, mas estável, a um chefe altamente capacitado, porém instável. E mais: é preciso tempo para aprender, para aprimorar-se, para construir relações. A repetição e o bom uso do tempo e do espaço, que devem ser rigorosamente organizados, permitem o aperfeiçoamento das habilidades. Como nos diz Fayol (1968), o operário que faz todos os dias a mesma peça adquire mais habilidade.

Apesar de uma posterior repulsa à rotina, esta permitia a construção de uma narrativa de vida, de uma interpretação do poder, do estabelecimento de relações de convivência mais duradouras com as outras pessoas (SENNETT, 2006). Tal análise não implica necessariamente dizer que esta época é melhor ou pior do que a época que a precede, mas sim que ter a acuidade de um olhar que, ao compreender como esses diferentes momentos se constituíram, coloca algumas verdades em suspenso. Na atualidade, em nome do curto prazo, é preciso velocidade, aprender a aprender, desprender-se, inovar, buscar novas alternativas, descartar tudo que não serve mais. Parece que ficar em casa lendo um livro ou optar, no decorrer da velhice – hoje considerada a melhor idade –, por atividades mais rotineiras é sinônimo de uma vida desinteressante, ou seja, quem faz isso não sabe efetivamente "aproveitar a vida". A perícia, tão valorizada na lógica da administração, precisava de tempo, conhecimento, domínio, rotina e linearidade. Na atualidade, quem busca o aprofundamento é considerado travado.

> [...] a perícia não parece ter muito a ver com as instituições do capitalismo flexível [...] Quanto mais sabemos como fazer alguma coisa bem-feita, mais nos preocupamos com ela. Todavia, as instituições baseadas em transações de curto prazo e tarefas que estão constantemente sendo alteradas não propiciam esse aprofundamento. Na realidade, a organização pode mesmo temê-lo; neste terreno, a palavra-chave da gerência é *travado*. Uma pessoa que mergulha fundo em determinada atividade simplesmente para fazer bem-feito pode parecer aos outros que está travada, no sentido de que está fixada naquela coisa – e a obsessão é, com efeito, necessária para a perícia. Ela está no polo oposto do consultor, constantemente entrando aqui e ali, sem nunca se estabelecer. Além disso, é preciso tempo para aprofundar uma capacitação em qualquer terreno [...] Embora as organizações flexíveis precisem de gente inteligente, enfrentam problemas quando elas passam a se comprometer com a perícia (SENNETT, 2006, p. 99-100, grifo do autor).

Trago essas questões da atualidade de forma paralela para ir seguindo os rastros de diferentes formas de governamentalidade. Conforme explorarei no Capítulo III, a gestão está altamente implicada com a governamentalidade neoliberal e com o empresariamento da educação. Ambas, a administração seguindo um modelo mais fordista, taylorista, fayolista, e a gestão, que tem relação direta com o empreendedorismo, são centrais nas formas de intervenção no meio.

Na época atual, temos a celebração do sujeito empresário de si mesmo, do sujeito autogestor, da rede frouxa de relações de poder que acaba por fragmentar o social. A lógica não é mais necessariamente a do contrato coletivo. Temos mais comunidade e menos sociedade, questões que discuti de maneira aprofundada na pesquisa intitulada A família na Escola: Uma Aliança Produtiva,[15] principalmente ao analisar a relação família/escola na Contemporaneidade a partir da Campanha Governamental Dia Nacional da Família na Escola, do Governo Fernando Henrique Cardoso. Ao longo de toda a campanha, percebi que a comunidade na Contemporaneidade é uma nova forma de espacialização do governo da população. Os discursos sobre

---

[15] Para mais detalhes, sugiro ver Klaus (2004).

COLEÇÃO "TEMAS & EDUCAÇÃO"

as comunidades[16] são centrais nas discussões sobre descentralização de funções, desresponsabilização do Estado e responsabilização dos sujeitos e das instituições pelos seus sucessos e fracassos. Porém, na lógica proposta por Fayol, para que a administração tivesse sucesso, era preciso que o interesse particular se subordinasse ao interesse geral:

> Esse princípio nos lembra que, numa empresa, o interesse de um agente ou de um grupo de agentes não deve prevalecer sobre o interesse da empresa, que o interesse da família deve estar acima do interesse de um de seus membros e que o interesse do Estado deve sobrepor-se ao de um cidadão ou de um grupo de cidadãos (FAYOL, 1968, p. 52-53).

Ele reforça, ainda, que um só chefe e um só programa seriam fundamentais num grupo que visa ao mesmo objetivo. Fayol (1968) considerava a centralização um fato de ordem natural, pois as sensações sempre convergem para o cérebro e é dele que partem as ordens que movimentam todas as partes do organismo. Apesar de apontar a via hierárquica – pirâmide – como um caminho necessário para a transmissão segura e para a unidade de comando, o autor critica a demora dos encaminhamentos – burocratização – nas empresas e, principalmente, no Estado. Contudo, não questiona a via hierárquica, mas pensa que "é preciso conciliar o respeito à via hierárquica com a obrigação de andar depressa" (FAYOL, 1968, p. 64). É interessante observar o quanto essa unidade de comando, essa centralização, burocratização e hierarquização estão presentes na administração da instituição escolar.

Ao mencionar a necessidade de ordem, Fayol (1968, p. 68) sugere que um "quadro gráfico, representando o conjunto dos imóveis,

---

[16] Bauman (2003) fala de dois tipos de comunidades: as comunidades estéticas, também chamadas de comunidades-cabide, que são as comunidades que devem permanecer flexíveis e manter suas entradas e saídas escancaradas, de forma que os vínculos estabelecidos entre os integrantes são literalmente vínculos sem consequências; e as comunidades éticas, que são em quase tudo o oposto das comunidades estéticas. Tais comunidades são tecidas de compromissos de longo prazo, de direitos inalienáveis, de obrigações inabaláveis e de compartilhamento fraterno. Porém, mesmo que a comunidade de entendimento comum – comunidade ética – seja alcançada, ela permanecerá frágil e vulnerável, precisando para sempre de vigilância, reforço e defesa (BAUMAN, 2003).

38

dividido em tantas seções quantos sejam os agentes responsáveis, facilita bastante a adoção e o controle da ordem". Lembro-me, aqui, do famoso espelho de classe, tão utilizado nas escolas durante um longo período – prática que talvez ainda seja adotada em algumas instituições. O esquadrinhamento do espaço e o estabelecimento do lugar coletivo da sala de aula e dos lugares[17] individuais dos alunos são fundamentais nesse tipo de organização. Na atualidade, a lógica é a de concentração sem centralização, questão discutida por Sennett (2004). As organizações são flexíveis, o que não significa necessariamente menos controle. Vivemos em um tempo no qual a "autonomia" é um imperativo e o Estado avaliador faz o mapeamento dos sucessos e insucessos alcançados por indivíduos e instituições.

Na lógica da administração, a centralização era fundamental. Autores como Anísio Teixeira, que interpretou o pragmatismo pedagógico na linha de William James e John Dewey, José Querino Ribeiro, Antonio Carneiro Leão e, mais tarde, Carlos Correa Mascaro, Moysés Brejón e José Augusto Dias (SANDER, 1982), que adotaram o enfoque organizacional de orientação pragmática, defendiam ao mesmo tempo a centralização do comando da instituição educativa – subordinação do interesse individual ao interesse coletivo – e a centralidade do aluno e de sua autonomia no processo educativo. Importa lembrar que vários desses autores são os responsáveis pelos *Cadernos de Administração Escolar*,[18] que

---

[17] Salienta-se que o principal objetivo da Modernidade é a conquista do espaço, ou seja, o território está entre as suas mais agudas obsessões, sendo que a manutenção de fronteiras se torna um de seus vícios mais ubíquos, resistentes e inexoráveis. Na Modernidade, o tempo tem que ser flexível para "devorar espaço"; porém, no momento de colonização e domesticação desse espaço conquistado, é preciso um tempo rígido, uniforme e inflexível (BAUMAN, 2001). Na medida em que o espaço abstrato é privatizado, criam-se lugares concretos. Veiga-Neto (2002b, p. 208, grifos do autor) diz que "*o aqui* ou *o ali*, ou seja, o cenário físico onde se dão nossas experiências concretas e imediatas, passou a ser entendido, vivido e designado como um caso particular, inserido num espaço geral, abstrato, infinito e ideal. A esse caso particular do espaço, denominamos *o lugar*. O lugar, então, passa a ser cada vez mais entendido e vivido como uma projeção, neste assim chamado mundo sensível, de um espaço ideal".

[18] Os cadernos foram escritos por estudiosos importantes da área da Educação, especialmente nos estudos da administração escolar. Na apresentação da *Edição Comemorativa do Simpósio Interamericano de Administração Escolar* – obra

materializam as discussões realizadas pela ANPAE desde a sua fundação e podem ser considerados como uma das primeiras tentativas de sistematização dos debates realizados sobre o tema nas décadas anteriores. Anísio Teixeira diz que:

> À primeira vista pode ocorrer a alguns que a orientação centralizadora da Diretoria-Geral contrariava a tendência à autonomia e ao tratamento individual dos alunos. Não é verdade semelhante suposição. A despeito da independência dos distritos e das unidades escolares, não se dispensava nenhuma atenção às diferenças individuais dos alunos, que eram quase sempre desconhecidas dos próprios professores [...] (Teixeira, 2007, p. 163).

Esse excerto faz parte da obra *Educação para a democracia*, que foi impressa em 1935. Anísio Teixeira considerava a centralização uma forma de contabilizar a população educacional e obter dados sobre as diferenças individuais dos alunos, questões que dependiam de estatísticas que eram absolutamente incipientes na época.

---

condensada que reúne os quatro primeiros cadernos em uma única edição –, Antônio Pithon Pinto, que foi presidente da ANPAE de 1961 a 1971, fez algumas considerações sobre os estudiosos que escreveram os quatro primeiros cadernos. Segundo Pinto (1968), o professor Anísio Spínola Teixeira dispensava apresentações, pois estava comprometido desde há muito com a ANPAE; o professor José Querino Ribeiro era catedrático de Administração Escolar e Educação Comparada da Faculdade de Filosofia, Ciências e Letras da Universidade de São Paulo e membro do Conselho Deliberativo da ANPAE (em 1952, publicou a obra *Ensaio de uma teoria da administração escolar*); o professor Moysés Brejon tinha um estudo sério e bem documentado, o que demonstrava o seu devotamento ao estudo da Administração Escolar; Carlos Correa Mascaro era professor na Faculdade de Filosofia, Ciências e Letras da Universidade de São Paulo e em 1968 foi diretor do Instituto Nacional de Estudos Pedagógicos do MEC. José Augusto Dias, Anísio Teixeira, Carlos Correa Mascaro e José Querino Ribeiro participaram da fundação da ANPAE. José Melchior e Benno Sander são estudiosos reconhecidos na área da Administração da Educação, sendo que Benno Sander foi presidente da ANPAE de 1976 a 1984 e de 2006 a 2011. Importa dizer que o lançamento da obra condensada se deve ao fato de as edições dos quatro primeiros cadernos terem esgotado "rapidamente, demonstrando [...] o interesse de um público, cada vez mais numeroso, pelos estudos da Administração Escolar" (PINTO, 1968, p. 5). Na edição que reúne as publicações anteriores, o título do terceiro caderno, *Alguns aspectos da formação de administradores escolares*, foi mudado para *Formação de administradores escolares*. Para leitura dos cadernos sugiro consultar: Teixeira (1964); Ribeiro (1965); Brejon (1966), Mascaro (1968); Teixeira, Mascaro *et al* (1968); Dias (1972); Melchior (1972); Sander (1982).

Em seu livro *A crise da educação e seus remédios*, cuja primeira edição é de 1971, Dottrens (1976), considerado por Querino Ribeiro, ao lado de Fayol e de outros autores, uma referência na formulação de uma teoria da administração, estabelece algumas relações entre a empresa escolar e a empresa de produção. Tais relações permitiram-me compreender o quanto o empresariamento da educação não é um fenômeno recente. Conforme já foi mencionado, a administração da educação está diretamente imbricada com as formas de administração pública, de administração da fábrica, de administração do social – tanto que Fayol é uma das referências de Querino Ribeiro, considerado, ele próprio, uma referência na área da administração da educação. A gestão da educação nos dias de hoje está altamente implicada com a lógica de gestão do social, de gestão da empresa, com a lógica do empreendedorismo – questões que discutirei no Capítulo III.

Nos *Cadernos de Administração Escolar*, é possível perceber várias discussões e opiniões sobre a equiparação da administração educacional e da administração da fábrica, da empresa, principalmente a partir dos discursos sobre o aluno como centro do processo e a decorrente necessidade de autonomia do educando, o que é possível perceber no excerto abaixo:

> Jamais, pois, a administração escolar poderá ser equiparada ao administrador de empresa, à figura hoje famosa do *manager* (gerente) ou do *organization-man*, que a industrialização produziu na sua tarefa de máquino-fatura de produtos materiais. Embora alguma coisa possa ser aprendida pelo administrador escolar de toda a complexa ciência do administrador de empresa de bens materiais de consumo, o espírito de uma e outra administração são de certo modo até opostos. *Em educação, o alvo supremo é o educando a que tudo mais está subordinado*; na empresa, o alvo supremo é o produto material, a que tudo mais está subordinado. Nesta, a humanização do trabalho é a correção do processo de trabalho, na educação o processo é absolutamente humano e a correção um certo esforço relativo pela aceitação de condições organizatórias e coletivas inevitáveis. São, assim, as duas administrações polarmente opostas (TEIXEIRA, 1968, p. 15, grifos do autor).

A noção de capital explicitada por Anísio Teixeira (1968) é a de capital material. Como ele mesmo diz, o alvo supremo da empresa é o produto material. Ele afirma que na educação o processo é absolutamente humano, ou seja, por meio dela, se dá a humanização do trabalho. A partir desses argumentos, o autor afirma que a administração da educação não pode ser equiparada à administração da empresa. Porém, Ribeiro diz que:

> [...] A escola moderna é um empreendimento destinado à totalidade das populações, por isso mesmo, um empreendimento de interesse público, uma empresa do Estado, uma *grande empresa* [...], como correios e telégrafos, estrada de ferro, energia elétrica. Quando encaramos a escola como *grande empresa* e assemelhamo-la às demais, não lhe negamos as altas e delicadas implicações de instituição destinada à formação das gerações novas, gravemente responsável pela manutenção e revitalização dos valores, dos padrões, dos comportamentos sociais, como criadora de homens novos para as novas situações da civilização. Nenhum desses aspectos das responsabilidades escolares está em conflito com o da grande empresa. A escola é grande empresa enquanto visa atender clientela de milhões; reúne grupos de trabalhadores que somam centenas de milhares; exige financiamentos astronômicos; exige "produção em massa", "alta produtividade" para atender às mais variadas exigências do "mercado social", com o qual tem irrevogáveis compromissos de fornecimento, a tempo, à hora, em quantidades e qualidades que exigem técnicas aperfeiçoadas e complexas. São estas características da escola moderna que lhe impõem a problemática da Administração. Na administração da *grande empresa* escolar o objetivo é o trabalhador, a estrutura, o financiamento, tudo, é claro, a serviço do educando que, sem embargo no caso, coloca-se como objeto indireto. Nesse sentido a empresa escolar é semelhante às demais: à hospitalar, à bancária, à de transporte, e a que outras grandes empresas se possam lembrar (Ribeiro, 1968, p. 27-28, grifos do autor).

Para Ribeiro (1968), a escola é uma grande empresa que deve estar a serviço dos educandos, uma grande empresa responsável pela formação das gerações mais novas, que devem estar preparadas para as novas situações da civilização.

Percebem-se os diferentes enfoques[19] que os estudos sobre a administração da educação vão adotando, apesar de haver várias

---

[19] Sander (1982) cita três enfoques principais nesses estudos: o enfoque organizacional, o enfoque comportamental e o enfoque sociológico. Não tenho como intenção aqui discutir cada um deles, mas destaco que, segundo o autor, o enfoque sociológico sobre os estudos de administração

aproximações entre eles. Conforme comentei anteriormente, Teixeira (1968) dizia que a empresa trabalhava com o capital material e a escola, com sujeitos, com seres humanos. Fico pensando: temos aqui uma relação Capital/Trabalho; porém, como fica essa diferenciação entre capital material e processos humanos a partir da Teoria do Capital Humano? Penso que, com a noção de capital humano – questão que será discutida no próximo capítulo –, essa diferenciação entre papel da educação e papel da empresa fica cada vez mais tênue, principalmente na época atual, que considera a Teoria do Capital Humano e o empreendedorismo modos de vida.

No quarto capítulo do seu livro *A crise da educação e seus remédios*, Dottrens (1976) faz uma discussão sobre a empresa escolar e a empresa de produção. O autor (1976) fez uma conferência Empresa Escolar e Empresa Industrial no Palácio da UNESCO em março de 1961. Dentre as questões discutidas na conferência, ele destaca as finalidades que se atribuem às empresas de produção:

> 1. Oferecer o melhor produto a preços competitivos e, se se trata de produtos consumíveis: alimentos, remédios, produzi-los e entregá-los em condições de higiene exemplares.
> 2. Melhorar constantemente o produto a fim de que responda ele, de maneira sempre melhor, às necessidades e ao gosto do consumidor.
> 3. A fim de chegar a este ponto, fazer com que a empresa se beneficie constantemente dos últimos progressos da ciência e da técnica (DOTTRENS, 1976, p. 58).

Em seguida, ele sugere que essas três finalidades sejam transpostas para o domínio da escola e da educação pública.

> 1. Oferecer o melhor produto em condições exemplares de higiene. Nosso produto: a criança, o adolescente, pela parte que nos toca e durante o tempo em que permanece como nosso aluno [...].
> 2. Adaptar constantemente o produto às exigências do consumo. [...] Entramos num período da vida da humanidade

---

pública e de administração da educação parte do pressuposto de que a eficiência da administração é determinada primordialmente por variáveis políticas, sociológicas e antropológicas, e secundariamente por variáveis jurídicas e técnicas. O enfoque sociológico problematiza o caráter técnico da administração da educação.

em que o trabalho do homem, no sentido corrente da expressão, vai desaparecer. É a máquina que já começou a exonerar o trabalho das suas cargas [...] Adaptar o produto da atividade escolar às exigências do consumo social é educar seres humanos postos em condição de viverem plenamente sua existência num mundo que será bem diferente do nosso, usufruindo da parte de felicidade e de satisfação que qualquer criatura humana tem o direito de esperar de seu destino [...].
3. Fazer com que a empresa escolar se beneficie da ciência e da técnica. [...] A escola, ao invés de continuar a distribuir massas de conhecimentos de que uma boa parte é perfeitamente inútil, deve esforçar-se, por um tratamento apropriado, para dar a capacidade e o gosto em adquiri-los: aprender a aprender vale muito mais que tão-somente aprender [...]
Os métodos ativos, tanto no plano intelectual quanto no da conduta e do comportamento, exigem que o aluno, criança ou adolescente, seja a parte beneficiária dessa educação para o domínio de si mesmo, de cujo êxito dependem o seu futuro e o seu destino [...] (DOTTRENS, 1976, p. 58-61).

Conforme já havia comentado, Dottrens e Fayol são dois dos autores responsáveis pela formulação de uma teoria da administração considerada adequada. Mapeei, no entanto, alguns deslocamentos dos escritos de Dottrens na década de 1970 em relação aos escritos de Fayol. Dottrens (1976) faz referência ao desaparecimento do trabalho do homem, tal como ele era concebido, de forma que era preciso educar os seres humanos para viverem num mundo bem diferente do mundo onde estavam inseridos. À escola caberia estimular os alunos para que eles desenvolvessem a capacidade e o gosto pela aprendizagem. Mais do que aprender, os alunos precisariam aprender a aprender. Os métodos ativos são considerados fundamentais nesse contexto, pois permitem a participação dos alunos e possibilitam que cada um aprenda a ter domínio de si mesmo.

Nesse contexto de emergência da administração, que, num primeiro momento, é uma administração técnica altamente envolvida com as pedagogias disciplinares, vão se configurando outras formas de conceber a educação, a pedagogia, o trabalho. Para Harvey (2001, p. 135), "o período de 1965 a 1973 tornou cada vez mais evidente a incapacidade do fordismo e do keynesianismo de conter as contradições inerentes ao capitalismo", de forma que "as décadas de 70 e 80 foram um conturbado período de reestruturação econômica e de reajustamento social e político" (p. 140). A Teoria do Capital Humano, amplamente estudada durante a década de 1970, possibilita outras maneiras de compreender capital, trabalho e educação, tanto que, de gasto, a educação passa a ser narrada como investimento, conforme discutirei no próximo capítulo.

Dottrens aborda as novas relações de trabalho e faz referência aos métodos ativos que deveriam libertar os sujeitos, tanto que o autor discute em várias passagens do seu livro a relação entre autoridade e liberdade na educação. Ele diz que a "criança não aprende bem senão quando compreende, e não compreende bem senão quando age, quando participa da elaboração do saber que deve adquirir", de modo que é "necessário, por conseguinte, ensinar os alunos a pensar. Ora, é impossível ensinar a pensar sob um regime de autoridade" (DOTTRENS, 1976, p. 43-44). Fica evidente aqui e nos métodos ativos que só se aprende fazendo,[20] que é preciso participar do projeto, que é preciso agir; assim, a função da escola não é tanto ensinar conhecimentos, mas ensinar aos alunos a autonomia, o domínio de si, o aprender a aprender. E este aprender a aprender tem relação com as

---

[20] Ressalto que, já em 1935, as discussões realizadas por Anísio Teixeira e pelos escolanovistas tinham o aluno como centro do processo educativo. Em 1935, Anísio Teixeira dizia que o que estava em jogo na educação para todos não era tanto o encantamento do espírito, o consumo e a apreciação da vida literária – conhecimento –, mas a produção de técnicas científicas e de técnicas industriais. À educação cabe atender às necessidades da civilização técnica, tanto que: "Desde a escola primária até a superior se iriam preparando os homens para as ocupações diversas em que se divide a atividade multiforme dos nossos dias. E ao lado da organização escolar, diretamente endereçada ao *preparo econômico e social dos homens*, se deveriam entreabrir caminhos especiais, que se definiriam desde o período secundário, para os que se destinassem ao ensino, à cultura desinteressada, puramente científica ou literária [...]" (TEIXEIRA, 2007, p. 49, grifos meus). A escola para todos no contexto brasileiro terá como foco principal o preparo social e econômico dos homens e o reajustamento social. Podemos pensar a formação técnica e industrial – a lógica da fábrica, fortemente calcada no fordismo, no fayolismo – como uma necessidade de preparo social e econômico (reajustamento social) de uma determinada época. Da mesma forma, podemos pensar o desenvolvimento de habilidades, o aprender a aprender, a necessidade de adaptabilidade – a lógica da empresa, do empreendedorismo, que vai se constituindo ao longo das décadas de 70 e 80 (que, segundo Harvey, é um período de reajustamento social) até tornar-se uma forma de vida na atualidade – como uma necessidade de preparo social e econômico.

novas configurações sociais, econômicas e políticas desencadeadas ao longo das décadas de 1970, 1980 e 1990. Hoje, então, o sujeito aprendente por toda a vida é uma maneira de estar preparado para as flutuações do mercado; a inovação, o empreendedorismo e a autogestão são imperativos, são formas de vida.

Dottrens (1976) já aborda no seu estudo as implicações do que dizemos ser, na época atual, o capitalismo flexível. Segundo o autor, é preciso que as crianças aprendam "a conduzir-se num mundo pleno de ciladas onde todo ser se vê constantemente em perigo" (p. 48). Dentre as finalidades da educação, o autor destaca que:

> [...] Na verdade, uma educação voltada para o futuro será sempre uma educação experimental, que prepara para a vida num mundo que ela não conhece, mas de que somente poderá prever a orientação e as possibilidades. Deve ajustar constantemente seus métodos às necessidades diversas e às situações flutuantes [...] (DOTTRENS, 1976, p. 49-50).

> [...] logo uma nova concepção das finalidades da educação: a obrigação para cada um de perfazer, ao longo de sua vida ativa, seus conhecimentos e o seu cabedal de habilidades; a capacidade de adquirir esta qualidade, que conservará o seu equilíbrio interior: a adaptabilidade (p. 50).

Caberia à escola preparar os alunos para viverem em um mundo em constantes desequilíbrios. O único equilíbrio possível apontado pelo autor é o equilíbrio interior, é a adaptabilidade. Sujeitos autônomos, que aprendem a ter domínio de si, que aprendem a aprender (inovação constante), que desenvolvem habilidades e competências (discursos altamente em voga na atualidade), são sujeitos preparados para os desafios do capitalismo flexível.

As funções da escola, nesse contexto, não estão relacionadas com a questão do conhecimento e com a questão do ensino propriamente dito, mas sim com a questão da aprendizagem e do gerenciamento dos riscos sociais. Tais deslocamentos acabam ganhando uma visibilidade maior a partir da década de 1990.

Para concluir esta reflexão sobre a função social da escola,[21] selecionei mais três excertos da obra de Dottrens (1976) que considero

---

[21] Para aprofundar a discussão sobre as funções sociais da escola na Contemporaneidade, sugiro a leitura de Fabris (2007). A partir de uma pesquisa mais ampla sobre os processos de in/exclusão em escolas públicas de

emblemáticos. No primeiro excerto, ele diz que na escola se deve "colocar a instrução no seu devido lugar, que não é o primeiro, sobretudo hoje em dia, em que a escola não tem mais o monopólio da aprendizagem e do saber e em que a carência de educação familiar se acentua" (p. 56). No segundo excerto, ele diz que "aprender a aprender toma muito mais tempo do que aprender tão-somente, e ensinar às crianças a se conduzirem, a serem responsáveis, leva ainda mais tempo" (p. 56). Ao fazer referência à reforma fundamental da escola em todos os níveis, ele diz que é preciso:

> [...] renunciar ao intelectualismo e ao enciclopedismo atuais, para pôr em movimentação os meios pedagógicos – que existem – capazes de assegurar: a) uma verdadeira formação dos espíritos; b) a tomada de consciência, em cada qual, de suas capacidades, de suas aptidões, de seus gostos:
> – aprender a aprender, e não aprender apenas,
> – aprender a se conduzir, e não apenas a obedecer,
> – aprender a orientar-se, em lugar de se atirar sem informações, nem razões válidas, aos estudos ou às aprendizagens que oferecem o risco de não produzirem nem satisfações nem resultados (DOTTRENS, 1976, p. 108-109).

Temos aí algumas nuances da necessidade atual de o sujeito aprender a ser empresário de si mesmo. Se o professor deve renunciar ao intelectualismo e ao enciclopedismo, não é a sua *expertise* ou o seu conhecimento da área específica de atuação que fará dele um professor. Dottrens diz que:

> A função essencial do educador – até agora: ensinar! – evolui e evoluirá rapidamente rumo a uma função de guia, de ajuda, de psicologia aplicada, porquanto ensinar a aprender e aprender a conduzir-se supõem uma concepção da vida escolar que coloca a criança na condição de observar, de comparar, de experimentar, de agir, de fazer nascer nela o desejo de aperfeiçoar-se (DOTTRENS, 1976, p. 49).

A partir desse excerto, é possível perceber que o professor não teria mais a função de ensinar, mas de ser um guia, de ajudar, de

---

ensino fundamental de um município localizado na região metropolitana de Porto Alegre, a autora problematiza o fato de a escola contemporânea estar cada vez mais centrada nas relações – gerenciamento do risco social – do que no ensino – conhecimento propriamente dito.

conduzir, ou seja, de ser um mediador no processo de aprendizagem. Tais questões ficam evidentes nos discursos sobre a docência nos dias de hoje. Em uma de suas pesquisas sobre a docência contemporânea, Sommer (2010) analisa alguns livros utilizados na formação de professores a partir da década de 1990, tanto na Escola Normal – ensino médio – quanto nos Cursos de Pedagogia. Segundo o autor (p. 28), "o modelo docente (forma de subjetividade) instaurado por tais textos [...] indica a natureza mais moral e menos cognitiva da formação docente proposta". Essa natureza mais moral e menos cognitiva no exercício da docência fica evidente nos escritos de Dottrens – mas de que forma o professor é narrado e constituído no interior dos discursos da administração da educação desde meados da década de 1940?

Em seu artigo "Que é administração escolar?" – texto lido no I Simpósio de Administração Escolar –, Teixeira (1961) aponta que, quanto mais imperfeito for o magistério, mais é preciso melhorar as condições de administração. A escola para todos envolvia, num primeiro momento, um aumento muito grande do número de professores. A formação qualificada dos docentes com menor capital cultural e social seria uma tarefa muito difícil de ser realizada. Desse modo, o meio mais eficiente de resolver a *incompetência* dos professores era torná-los objeto de regulação eficiente por parte da burocracia administrativa (CATANI; GILIOLI, 2004), questão que fica evidente nos escritos de Teixeira:

> [...] somente quando o ensino é reduzido em quantidade posso eu fazer uma alta seleção dos educadores. Como tenho de educar toda a população, terei de escolher os professores em todas as camadas sociais e intelectuais e, a despeito de todo o esforço de prepará-los, trazê-los para a escola ainda sem o preparo necessário para que dispensem eles administração. Esta se terá de fazer altamente desenvolvida, a fim de ajudá-los a realizar aquilo que faziam se fossem excepcionalmente competentes [...] (TEIXEIRA, 1961, [s.p.]).

O preparo do administrador permitirá:

> [...] organizar o ensino em rápido desenvolvimento e criar a consciência profissional necessária, pela qual aquele antigo pequeno sistema escolar, com o professor onicompetente, precisando apenas de um guardião para sua escola, hoje transformado no grande sistema moderno, no qual não se encontra

mais aquele tipo de professor e as escolas complexas e fluidas não dispõem sequer de estabilidade do magistério, possa conservar as condições equivalentes àquelas anteriores e produzir ensino com a mesma eficácia [...] (TEIXEIRA, 1961, [s.p.]).

O sucesso da educação dependerá de uma boa administração, principalmente no ensino fundamental. Teixeira (1961) diz que o ensino médio e o ensino superior[22] exigiriam professores mais bem preparados, o que diminuiria a necessidade de administração, porque, quanto mais imperfeito fosse o magistério, mais a escola precisaria de bons administradores. É claro que, no período no qual Teixeira (1961) fez tais considerações, o que estava em plena efervescência era a formação inicial da população. Uma pequena parcela da população tinha acesso ao ensino médio e ao ensino superior. Teixeira diz que,

> [...] Por conseguinte, se antigamente era o professor a figura principal da escola, hoje num grande sistema escolar, com a complexidade moderna, complexidade que agora chega a atingir a própria Universidade – a escola terá que depender do administrador e de seus staffs altamente especializados, que elaborem especificamente todo o conjunto de ensinamentos e de experiências, que antigamente constituía o saber do próprio professor da antiga instituição pequena e reduzida, a que servia com sua longa experiência e sua consumada perícia [...] (TEIXEIRA, 1961, [s.p.]).

A partir da emergência da administração da educação, que está implicada com a escolarização de massas, necessária para que o país se desenvolva, constituem-se dois entendimentos centrais na educação até a atualidade – apesar de ganharem novas nuances e algumas descontinuidades, principalmente a partir dos anos 1990. Refiro-me ao papel da educação escolarizada que não tem como centro a questão do conhecimento, mas a constituição de tipos específicos de sujeitos, capazes de participarem dos diferentes reajustamentos sociais; refiro-me, também, ao papel do professor, que perde parte das suas funções docentes. O mais interessante é que a perda de parte das funções não significa menos visibilidade da docência. Pelo contrário, o docente será cada vez mais objeto

---

[22] Tais expressões (ensino fundamental, ensino médio e ensino superior) não eram utilizadas na época.

dos diferentes *experts*, considerados capazes de apontar as inúmeras falhas do fazer docente e os possíveis caminhos a serem adotados.

Pode-se dizer que, em um primeiro momento, o magistério, considerado imperfeito, será alvo dos administradores escolares, que serão colegas ditos mais capacitados para conduzir a instituição escolar. Na época atual, apesar das exigências da formação do magistério, teremos algumas continuidades nesse sentido. No entanto, tais continuidades implicam uma visibilidade e uma regulação da docência cada vez maiores. No período de emergência da administração da educação, de constituição da ANPAE, dos estudos iniciais sobre administração da educação, temos uma visão de Sistema de Ensino centralizada e fechada. Por mais que houvesse inúmeras discussões sobre a democratização das relações, sobre a necessidade de participação dos alunos, a lógica era, como falei anteriormente, a de um contrato coletivo que implicava a subordinação da vontade individual à vontade coletiva. Nesse contexto, os docentes passaram a ser conduzidos pelos administradores escolares, que teriam certa autoridade por serem considerados mais capacitados.

É importante ressaltar que essa lógica da administração começa a ser questionada principalmente ao longo das décadas de 1970 e 1980. Em 1972, no *Caderno de Administração Escolar* intitulado *Sistema Escolar Brasileiro*, José Augusto Dias discute a noção de Sistema de Ensino aberto e de Sistema de Ensino fechado. Segundo o autor:

> [...] O sistema *fechado* apresenta fronteiras impermeáveis ao ambiente. No sistema *aberto* existe um movimento de entrada e saída de elementos através das fronteiras [...] (DIAS, 1972, p. 11, grifos do autor).

> O sistema escolar é um sistema aberto, que tem por objetivo proporcionar educação [...] Originariamente a escola foi criada para cuidar do desenvolvimento intelectual, vendo-se forçada a atender aos demais aspectos da educação por razões de ordem social – a sociedade vem exigindo sempre mais da escola – e por razões de ordem lógica – a educação é um processo integral, não podendo desenvolver-se parceladamente (DIAS, 1972, p. 13).

Os administradores escolares ocuparam, num primeiro momento, esse lugar de *experts* que legitimava sua autoridade. No presente, uma das características do neoliberalismo é o estabelecimento de uma nova relação entre *expertise* e política, de forma que as relações entre cidadãos e *experts* são reguladas através de atos de escolha (ROSE, 1996a). Ao falar da noção de compradores, Rose destaca a autonomização das escolas (competição no mercado de alunos, funcionamento da escola segundo a lógica da empresa).

A gestão compartilhada implica uma visibilidade enorme da função docente, que passa a ser regulada por pais, colegas, especialistas de diversas áreas, gestores, alunos, funcionários. A própria gestão autônoma das escolas é regulada a partir de avaliações de larga escala. Os lugares dentro da instituição são cada vez mais híbridos, pois todos devem ser gestores. Apesar de a administração ter pautado a vida da população, apenas alguns ocupavam na pirâmide o lugar de administradores. A gestão e a autogestão é função de todos. A lógica não é mais a da pirâmide, mais a da rede frouxa de relações, na qual todos são colaboradores e empresários de si mesmos.

Pode-se dizer que, na época atual, quase tudo passa a ser uma questão de gestão. A administração também tinha esse *status*, mas ela era tarefa de alguns. Dessa forma, a administração e a gestão colocam em funcionamento um conjunto de práticas que são utilizadas estrategicamente no governamento da população. Como diz Ribeiro (1968), um dos princípios da administração é que ela é meio, e não fim em si mesma.

> Este princípio relaciona-se com a ideia de que a Administração é, principalmente, um *instrumento* de que se valem os grupos humanos *para alcançar fins propostos* pela sua filosofia de vida, através de uma política de ação [...] (RIBEIRO, 1968, p. 31, grifos meus).

Como último ponto de discussão deste capítulo, trago de forma breve quem seriam os administradores escolares. Ao discutir as funções do administrador escolar, Teixeira diz que:

> Outra coisa não deve ser a administração do ensino ou das escolas. *Somente o educador ou o professor pode fazer administração escolar.* Administração de ensino ou de escola não é carreira especial para que alguém se prepare, desde o início, por meio de curso especializado, mas, opção posterior que faz o professor ou o educador já formado e com razoável experiência de trabalho, e cuja especialização somente se pode fazer em cursos pós-graduados [...] Deste modo, a carreira de educador compreenderá na base o professor, que ao longo do seu ministério, poderá especializar-se em supervisor, ou professor de professores, em conselheiro ou orientador, ou guia dos

alunos, ou em administrador escolar. O professor continua toda a vida professor, ou opta por uma das três especializações, em que se divide seu mister de educar (TEIXEIRA, 1968, p. 14-15, grifos do autor).

A administração escolar deveria ser exercida por professores. Em um primeiro momento, dentro do quadro de certa forma caótico do magistério, deveriam ser selecionados professores que pudessem ocupar os cargos de administração. O professor "que revele maior capacidade administrativa deverá orientar-se naturalmente para a especialização de administrador da escola"; o professor que "tem grandes qualidades de magistério, isto é, as de sobretudo saber ensinar, transmitir a matéria, deve especializar-se para ser o supervisor, ou seja o professor de professores"; e "aquele outro professor, que revele singular aptidão para guiar alunos, para compreender alunos, para entender os problemas de alunos, vai transformar-se no futuro orientador" (TEIXEIRA, 1961, [s.p.]).

O sucesso da instituição escolar, tanto na lógica da administração quanto na lógica da gestão, depende de bons administradores e de bons gestores, questão que deve ser problematizada a partir da complexidade da educação escolarizada. Apesar da pulverização da gestão hoje – autogestão –, grande parte do sucesso da escola é atribuída à condução feita principalmente pela direção da escola.

Para finalizar este capítulo e estabelecer um elo com o capítulo posterior, sinalizo que, além das discussões sobre as funções do professor, dos administradores e da instituição escolar e dos desafios de cada época, encontrei em um dos *Cadernos de Administração Escolar* uma referência à questão do capital humano. Ribeiro (1968) diz que os estudos sobre a administração são fundamentais, pois a educação escolar é um grande empreendimento público que necessita de um programa que vise à valorização efetiva do nosso tradicionalmente desprotegido capital humano. Temos aqui uma questão que extrapola a noção de capital material. A Teoria do Capital Humano e a educação como investimento são centrais na atualidade. Passemos, então, a discuti-los no próximo capítulo.

| Capítulo ii

Mudança de rota:
a teoria do capital humano e a educação como investimento

> [...] a futura produtividade da economia não é
> pré-ordenada pelo espaço, pela energia e pelas
> terras agricultáveis. Será determinada pela
> capacidade dos seres humanos [...].
> Schultz, 1987, p. 168

Theodore Schultz diz que o seu interesse pelo assunto "O valor econômico da educação", que resultou em um livro, cuja primeira edição é de 1963, surgiu nos anos 1956-1957, quando era membro do Centro de Estudos Avançados das Ciências do Comportamento. Segundo o autor (1967), no decorrer daquele período, ele passou a problematizar os conceitos que utilizava para avaliar capital e trabalho, pois acreditava que eles estavam se revelando inadequados. Tal inadequação diz respeito às análises econômicas realizadas durante todo aquele período; acreditava-se que a contribuição e o rendimento da educação estavam diretamente relacionados com a capacidade de obter salários e com a capacidade da produção. O capital medido era o capital físico, sendo que a importância da educação, conforme desenvolvi no capítulo anterior, tinha relação direta com a industrialização.

A rígida organização do tempo e do espaço no interior das fábricas permitia que trabalho e vida fora do local do trabalho fossem coisas distintas. Isso não diminui a importância do trabalho na vida do trabalhador, uma vez que, com o fordismo, o trabalho "é mais do que sobrevivência, é sobretudo identidade, compreendida como o conjunto de valores, partilha de interesses comuns, modos de agir e pensar de um grupo social ou de determinada sociedade" (SANSON, 2010, p. 24).

A problematização dos conceitos para avaliar Capital e Trabalho deram-se principalmente a partir da análise de que recursos naturais, mão de obra bruta e capital físico não seriam suficientes para o desenvolvimento e para explicar o crescimento de uma economia altamente produtiva (SCHULTZ, 1987). Para alimentar a dinâmica do desenvolvimento, torna-se essencial uma série de aptidões humanas, pois sem elas as perspectivas econômicas seriam desanimadoras (SCHULTZ, 1987).

Penso que parte desse questionamento realizado por Schultz e por outros economistas ao longo da década de 1960 e da década de 1970, resultando na Teoria do Capital Humano, está diretamente relacionada com as formas de ser e de estar no mundo na atualidade e com a mudança de ênfase da administração educacional para a gestão educacional. Conforme desenvolverei no próximo capítulo, a gestão educacional[23] está inserida na lógica da empresa, do sujeito empresário de si mesmo, do capitalismo flexível, das novas relações entre Capital e Trabalho, da noção de trabalho imaterial, da ampla difusão da Teoria do Capital Humano, que hoje é assumida nas grandes corporações – do mesmo modo que o fordismo foi assumido no período anterior – como uma forma de vida, principalmente a partir da década de 1990.

Importa dizer que a Teoria do Capital Humano, aliada a outras mudanças sociais, econômicas e políticas, provocará uma série de descontinuidades nas formas de governamento da população nas décadas subsequentes. Os questionamentos sobre as relações entre Capital e Trabalho, sobre o valor econômico da educação e sobre os segredos econômicos da qualidade da população causam

---

[23] Refiro-me aqui, bem como no Capítulo III, a uma visão gerencialista da gestão educacional que está relacionada com as novas configurações da sociedade contemporânea, do capitalismo flexível e das novas relações de trabalho. Porém, é importante ressaltar que existe uma vasta produção acadêmica qualificada na área educacional sobre gestão democrática da escola pública, cuja discussão principal se dá em torno da participação no dia a dia da escola dos diferentes segmentos da comunidade escolar. Como veremos mais adiante, tem uma diferença significativa entre os entendimentos de autonomia e participação abordados nesses estudos e a reconfiguração do papel do Estado e pulverização de responsabilidades colocadas em circulação a partir dos anos 1990.

algumas rachaduras nas formas de administração da população, tal como se constituíram no período pós-Segunda Guerra Mundial. Porém, é interessante observar a permanência de um fio condutor nas formas de governamento da população: a noção de desenvolvimento que perpassa todas elas. Schultz também considera esse tema central. Segundo o autor,

> Os problemas pertinentes à administração nacional têm ocupado, com efeito, de longa data, um lugar de destaque na Economia. Um argumento convincente poderia ser invocado para demonstrar que muitos dos nossos conceitos sobre Economia tinham sua origem na resposta aos problemas administrativos mais agudos, que atraíam mentes privilegiadas com aptidão para a análise econômica [...] (SCHULTZ, 1967, p. 33).

Ao discutir o tema "Da economia à política", Schultz diz que, ao analisarem as características de investimento da educação, os economistas lançam as bases para uma política de crescimento econômico que atribui grande importância à instrução e ao conhecimento alcançados pelos que atuam nas instituições educacionais.

Conforme discutirei mais adiante, nessa nova lógica que começa a instaurar-se nesse período pós-fordista, a educação deixa de ser um gasto e passa a ser um investimento. Apesar das mudanças de ênfase nas formas de governamento do social, desenvolvimento e educação, administração/gestão seguem como assuntos de primeira ordem na atualidade.

Outra questão que segue na ordem do dia é a pobreza. No entanto, os discursos realizados por alguns economistas sobre a necessidade de uma teoria do desenvolvimento específica para os países pobres, sobre a necessidade de outro desenvolvimento e sobre o fato de o subdesenvolvimento requerer uma teorização própria são altamente questionados por alguns economistas. Eles acreditam que um dos erros intelectuais do aspecto do desenvolvimento é a crença de que a teoria econômica padrão seria inadequada para a compreensão dos países de baixa renda; a teoria econômica padrão é considerada aplicável tanto ao problema de escassez com que se defrontam os países de baixa renda quanto aos problemas correspondentes aos países de alta renda (SCHULTZ, 1987).

> Embora ainda haja muita coisa que não sabemos a respeito do significado econômico de ser pobre, nosso conhecimento

da dinâmica econômica dos países de baixa renda avançou substancialmente nas últimas décadas. Ficamos sabendo que as pessoas pobres não se preocupam menos com a melhoria de sua sorte e a sorte de seus filhos do que aqueles de nós que têm vantagens incomparavelmente maiores. E nem são menos competentes na obtenção do máximo de benefícios de seus limitados recursos. A qualidade da população e os conhecimentos têm importância. Bom número de países de baixa renda tem um registro positivo de melhoria da qualidade da população e de aquisição de conhecimentos úteis [...] (SCHULTZ, 1987, p. 30).

Esses economistas deixam claro que, apesar da escassez, os países de baixa renda podem alcançar o desenvolvimento; afinal de contas, a ideia colocada em circulação é a de lidarmos com recursos raros e com os inúmeros desequilíbrios econômicos. Assim, viver "com a dinâmica do desenvolvimento e ajustar-se a ela é semelhante às desconcertantes experiências dos adolescentes durante seus anos de rápido desenvolvimento [...] Os desequilíbrios econômicos são inerentes ao processo de modernização" (SCHULTZ, 1987, p. 62).

Numa lógica que prima pela concorrência, a escassez não é um problema porque não está em jogo a extinção da pobreza, mas o seu abrandamento. Dentro dessa lógica, a pobreza não pode ser absoluta, mas relativa. A pobreza absoluta deve ser gerenciada – uma vez que as pessoas precisam participar do jogo, possuir um patamar mínimo de consumo e integrar as malhas do poder –, e a pobreza relativa a partir desta compreensão passa a ser uma condição quase inevitável. Isso se dá porque um dos princípios do neoliberalismo é que a economia deve ter suas próprias regras e o social deve ter seus objetivos próprios, porém, devem ser descolados de tal modo que o processo econômico não seja comprometido ou perturbado pelos mecanismos sociais (FOUCAULT, 2008a).

Na dinâmica anterior, a política social deveria fazer uma redistribuição de renda, tomando como ponto de partida a diferença entre os mais ricos e os mais pobres – questão que abordei no capítulo anterior ao discutir as formas de lidar com a pobreza. Nessa nova dinâmica, a política definirá certo limiar relativo, a partir de certo limiar absoluto para a sociedade, que separará os pobres dos não pobres, os assistidos dos não assistidos (FOUCAULT, 2008a).

Partindo da lógica do imposto negativo, que seria um subsídio que proporcionaria em espécie recursos suplementares somente para quem a título definitivo ou a título provisório não alcança um patamar de consumo suficiente (FOUCAULT, 2008a), criam-se formas de lidar com a pobreza sem uma incidência econômica negativa. O imposto negativo é uma ideia do neoliberalismo americano, que prevê que

> [...] abaixo de certo nível de renda será pago certo complemento, ainda que, evidentemente, se tenha de abandonar a ideia de que a sociedade inteira deve a cada um dos seus membros serviços como a saúde ou a educação, ainda também – e é esse, sem dúvida, o elemento mais importante – que se tenha de reintroduzir uma distorção entre os pobres e os outros, os assistidos e os não assistidos (FOUCAULT, 2008a, p. 280).

Teremos uma série de modulações que farão que, por um lado, o indivíduo tenha garantido certo nível de consumo e, por outro lado, tenha motivações ou frustrações suficientes para trabalhar, ao invés de receber um benefício (FOUCAULT, 2008a). Porém, se o indivíduo não conseguir alcançar outro patamar, ele permanecerá assistido.

Foucault (2008a) destaca algumas questões importantes sobre o imposto negativo:

– ele procura atenuar os efeitos da pobreza, e apenas seus efeitos;

– o único problema é a pobreza absoluta, o limiar abaixo do qual se considera que as pessoas não têm uma renda mínima que lhes possibilite um consumo suficiente;

– ele assegura uma segurança geral num certo limiar; acima do limiar, cada um deverá ser para sua família e para si mesmo uma empresa. Como nessa lógica há uma renúncia ao pleno emprego (keynesianismo), haverá uma reserva de mão de obra permanente que será utilizada quando for necessário, e, se não for mais necessária, aquela parcela da população volta à condição de assistida;

– Haverá uma população flutuante em que mecanismos permitirão que cada um subsista.

A lógica não será a da igualdade, mas da equidade, o que implicará uma "modulação cada vez mais individualizante da aplicação da lei e, por conseguinte, reciprocamente, a uma problematização psicológica, sociológica, antropológica daquele a quem se aplica a lei" (FOUCAULT, 2008a, p. 342). O que está em voga na sociedade atual

> [...] não é em absoluto o ideal ou o projeto de uma sociedade exaustivamente disciplinar em que a rede legal que encerra os indivíduos seria substituída e prolongada de dentro por mecanismos, digamos, normativos. Tampouco é uma sociedade em que o mecanismo da normalização geral e da exclusão do não normalizável seria requerido. Tem-se, ao contrário, no horizonte disso, a imagem ou a ideia ou o tema-programa de uma sociedade na qual haveria otimização dos sistemas de diferença, em que o terreno ficaria livre para os processos oscilatórios, em que haveria uma tolerância concedida aos indivíduos e às práticas minoritárias, na qual haveria uma ação, não sobre os jogadores do jogo, mas sobre as regras do jogo, e, enfim, na qual haveria uma intervenção que não seria do tipo da sujeição interna dos indivíduos, mas uma intervenção de tipo ambiental (FOUCAULT, 2008a, p. 354-355).

Temos aqui, cada vez mais, a necessidade de intervenção no meio. A concorrência não tem nada de natural. Ela precisa ser produzida permanentemente pelos sujeitos. O desenvolvimento implica qualidade da população e qualidade do capital humano, porém, como a qualidade é considerada um recurso escasso por possuir um valor econômico e por sua aquisição acarretar um custo (SCHULTZ, 1987), ela deve ser perseguida constantemente. Importa dizer que as definições do que é a qualidade variam de tempo em tempo. Estamos na era do curto prazo, na era da presentificação e da proliferação de projetos, de planejamento, de formas de gestão do social. A economia, entendida como prática, como forma de intervenção do governo, não pode deixar de ter a vista curta (FOUCAULT, 2008a), porque a lógica não será a do contrato social, da igualização, mas de um empresariamento dos sujeitos e da sociedade, a lógica da diferenciação.

Ao fazer a análise do neoliberalismo norte-americano, Foucault (2008a) parte de dois elementos: a Teoria do Capital Humano e a análise da criminalidade e da delinquência. Conforme o próprio título anuncia, neste capítulo, pretendo discorrer sobre o primeiro elemento apontado pelo autor: a Teoria do Capital Humano, que é essencial na compreensão da mudança de ênfase da administração para a gestão educacional.

A educação como fator de desenvolvimento econômico

> *Os processos econômicos do desenvolvimento são bem parecidos nos países de baixa e alta rendas. O volume de capital precisa ser aumentado por meio de investimento tanto em capital físico quanto em capital humano e por meio do ajuste a mudanças nos preços relativos dos produtos e nos fatores de produção, inclusive mudanças no valor dos serviços prestados por agentes humanos. Estes ajustes acarretam uma redistribuição dos recursos disponíveis à medida que mudam as condições econômicas. Como atividades, todas estas coisas são meios para o fim de aumento ao máximo das satisfações e, deste modo, do bem-estar das pessoas servidas pela economia.*
>
> SCHULTZ, 1987, p. 62-63

O período pós-Segunda Guerra Mundial pode ser caracterizado como de intenso crescimento econômico. Alguns economistas perceberam que um conceito de capital restrito a equipamentos de produção, estruturas e patrimônio – capital físico – era extremamente limitado para explicar tanto esse intenso crescimento econômico quanto todas as conquistas geradas por ele no nível de bem-estar da população (SCHULTZ, 1967). Theodore Schultz (1967), por exemplo, percebeu que nos Estados Unidos muitas pessoas estavam investindo fortemente em si mesmas, como ativos humanos; esses investimentos humanos estavam influenciando o crescimento econômico; o investimento básico no capital humano era a educação.

O autor destaca que, durante o período em que estava realizando seu estudo sobre "O valor econômico da educação", ocorreram muitas conferências sobre economia e educação, entre as quais, cita a conferência *Educação e Desenvolvimento Econômico na América Latina*,[24] desenvolvida pela UNESCO e por outras

---

[24] Nessa Conferência, Anísio Teixeira apresentou um plano intitulado Centros de Treinamento de Professores Primários. Entre outras questões, Teixeira acreditava que, num país em desenvolvimento como o Brasil, o professor teria duas novas funções: a de integrador, e não a de transmissor de conhecimentos, e a de catalisador da explosão de mobilidade social vertical – mobilidade social das camadas populares ascendentes (TEIXEIRA, 1962).

agências internacionais em Santiago, Chile, em março de 1962. Nesse mesmo ano, ocorreu uma conferência exploratória patrocinada pelo Conselho Nacional de Pesquisa Econômica – Comissão Universitária para Investimentos em Seres Humanos –, que conduziu a preparação de diversas publicações editadas sob a forma de suplemento do *Journal of Political Economy*.

O desenvolvimento econômico passou a ser medido não apenas pelos fatores convencionais da produção, mas principalmente a partir de elementos que apontavam uma melhora na qualidade da população. Esta passou a ser alvo constante de inúmeros investimentos: saúde, educação, cultura, lazer, entre outros elementos que fazem parte da sua qualificação.

Em sua obra *Investindo no povo: o segredo econômico da qualidade da população*, Schultz (1987) diz que, desde 1950, a esperança de vida em muitos países de baixa renda aumentou 40%. Segundo o autor, isso se deve ao fato de muitos países de baixa renda terem feito, durante as décadas de 1950, 1960 e 1970, grandes investimentos nas várias espécies de capital existentes nas pessoas, entre eles, saúde e educação. A qualidade infantil elevou-se, o espírito empreendedor aumentou, uma vez que as pessoas passaram a aproveitar mais as novas oportunidades econômicas associadas com a modernização, e a poupança cresceu substancialmente através do investimento em capital humano (SCHULTZ, 1987).

A partir da Teoria do Capital Humano, o desenvolvimento passa a ser medido não somente pelo capital físico, mas pelo capital investido nas pessoas, ou seja, os economistas que discutem a Teoria do Capital Humano dizem que o crescimento precisa ser medido não apenas quantitativamente, mas qualitativamente – qualidade da população. Conforme discutirei na próxima seção, a educação (assim como a saúde, a cultura...) passa a ser vista como um investimento, e não como um gasto que tem um fim em si mesmo. Como é preciso fazer investimentos no capital humano, a ênfase não está na virtude da poupança (entesourar, guardar dinheiro para um futuro próximo ou remoto), mas em investir para obter retornos futuros. Segundo Schultz,

> [...] A instrução tanto pode proporcionar satisfações no presente (prazer imediato com a companhia dos colegas de colégio) quanto no futuro (capacidade crescente de saborear os bons livros). Quando os benefícios ocorrem no futuro, a instrução

MUDANÇA DE ROTA: A TEORIA DO CAPITAL HUMANO E
A EDUCAÇÃO COMO INVESTIMENTO

tem as características de um *investimento*. Como um *investimento*, tanto pode afetar as futuras despesas como as futuras rendas. Assim, o componente dos gastos com a instrução apresenta duas variantes: a instrução que atende à despesa atual e a instrução, como um *investimento*, para atender à futura despesa. O componente de produção, decorrente da instrução, é um *investimento* em habilidades e conhecimento que aumenta futuras rendas e, desse modo, assemelha-se a um *investimento* em (outros) bens de produção (SCHULTZ, 1967, p. 23-24, grifos meus).

A educação é central tanto na análise econômica que contabiliza apenas o capital físico quanto no tipo de análise econômica que considera o capital humano como um fator fundamental na qualidade da população. No primeiro caso, mesmo que a educação já fizesse parte de um planejamento que previa a capitalização de todas as classes econômicas, tal capitalização dizia respeito ao acesso aos bens de produção e aos bens de consumo. No segundo caso, a educação é vista como um investimento nos seres humanos, de forma que o desenvolvimento passa a ser medido não apenas por meio do capital físico, mas a partir do capital humano, dos elementos que agregam qualidade à população. Como diz Foucault,

[...] A mobilidade de uma população e a capacidade que ela tem de fazer opções de mobilidade, que são opções de investimento para obter uma melhoria na renda, tudo isso permite reintroduzir esses fenômenos, não como puros e simples efeitos de mecanismos econômicos que superariam os indivíduos e, de certo modo, os ligariam a uma imensa máquina que eles não dominariam; permite analisar todos esses comportamentos em termos de empreendimento individual, de empreendimento de si mesmo com investimentos e renda (FOUCAULT, 2008 a, p. 371).

A Teoria do Capital Humano, ao longo da década de 1990, é assumida como um modo de vida, como uma "doutrina da administração" (LÓPEZ-RUIZ, 2007, p. 61). Na época atual, a educação está diretamente relacionada com a capacidade empreendedora de lidar com os desequilíbrios associados com a modernização econômica (SCHULTZ, 1987) — eu diria com a inovação econômica colocada em funcionamento pela acumulação flexível. A ênfase não será mais na centralização, tão em voga na administração das organizações fordistas, tayloristas, fayolistas, mas na gestão de empresas altamente flexíveis, inovadoras, competitivas. Faço tais considerações apenas para mapear alguns fios da complexa trama social, econômica e política que produz as artes de governar e é produzida por elas.

E é justamente a partir de alguns desses pressupostos que a demografia moderna é colocada sob suspeita. Schultz (1987) levanta alguns problemas em relação às formas tradicionais de contabilizar a população: as projeções do crescimento demográfico são longas em estatísticas e curtas em teoria, do ponto de vista da economia; grande parte das pesquisas demográficas utiliza uma teoria quantitativa da população; muitos economistas acreditam que o rápido crescimento demográfico nos países de baixa renda não permite uma melhoria da qualidade da população, ou seja, as análises são pessimistas e não abordam o visível aumento da qualidade da população em vários países de baixa renda no decorrer das décadas de 1950, 1960 e 1970. Porém, na visão dos economistas, a qualidade deve ser tratada

> [...] como um recurso *escasso*, o que implica que ela tem um valor econômico e que sua aquisição acarreta um custo [...] Quando os retornos excedem o custo, a qualidade da população aumenta [...] Nesta abordagem de oferta e procura em relação ao investimento em qualidade da população, todos os componentes da qualidade são tratados como recursos duráveis, escassos, valiosos durante certo tempo (Schultz, 1987, p. 25, grifo meu).

Se a qualidade é um recurso escasso e se os padrões daquilo que é considerado qualidade também são escassos e valem durante certo tempo, tais padrões mudam constantemente. A lógica da escassez não tem como horizonte a questão da igualdade, mas da equidade.

O que está em jogo no neoliberalismo é: mapear os grupos com maiores problemas e desencadear atividades compensatórias para esses grupos. Conforme discuti neste capítulo, a lógica é a do imposto negativo. Não está em jogo a igualdade da população. A lógica é da equidade: cada caso é um caso. Ao referir-se aos mecanismos de segurança e à lógica da escassez, Foucault (2008b, p. 86) diz que esses "mecanismos não tendem, como os da lei, como os da disciplina, a repercutir da maneira mais homogênea e mais contínua, mais exaustiva possível, a vontade de um sobre os outros. Trata-se de fazer surgir certo nível em que a ação dos que governam é necessária e suficiente".

Schultz (1987) critica a visão de uma sociedade ideal, de um mundo utópico no qual não seria necessária a competição por recursos escassos e onde as pessoas não seriam egoístas, pois, mais "cedo ou mais tarde, a maioria dos países aprende que é mais difícil do que se esperava fazer grandes transferências de renda sem prejudicar seriamente a eficiência da economia" (SCHULTZ, 1987, p. 71).

O mais interessante é que economistas como Schultz encontram justificativas para que a Economia seja uma ciência lateral em relação à arte de governar. Um dos argumentos é que, onde os Governos assumem a função empreendedora na agricultura, por exemplo, eles não alcançam a eficiência na modernização da lavoura; porém, nos países de baixa renda, com o talento empreendedor oferecido por milhares de pessoas em unidade de produção em pequena escala, a agricultura é um setor altamente descentralizado da economia (SCHULTZ, 1987). Em uma economia dinâmica, os desequilíbrios são inevitáveis e não "podem ser eliminados pela Lei, por uma política pública e, certamente, também pela retórica. Os governos não podem desempenhar eficientemente a função de empreendedores agrícolas" (SCHULTZ, 1987, p. 23).

A partir da lógica da escassez e da Teoria do Capital Humano, a dinâmica do desenvolvimento passa a ser considerada a mesma tanto nos países desenvolvidos quanto nos países subdesenvolvidos. Isso se dá porque o que está em jogo não é o equilíbrio geral da economia, não é o capital físico, que era medido puramente através de elementos quantitativos, mas a acumulação flexível, o equilíbrio parcial, a dinamicidade. Ao discutir Economias externas, equilíbrios ineficientes e a necessidade da política pública, a CEPAL-UNESCO (1995, p. 156) afirma que os recursos alocados pelo mercado para as atividades que conduzem à aprendizagem, à acumulação de capital humano e ao desenvolvimento tecnológico "serão sempre menos que ótimos. Cabe à política pública corrigir este déficit". A CEPAL-UNESCO diz que, para que a eficiência se dê em um nível de equilíbrio parcial e geral, uma solução apontada pela teoria econômica do bem-estar (*welfare economics*) para a implementação de atividades que envolvem aprendizagem, acumulação de capital humano e desenvolvimento tecnológico seria um subsídio financiado por um imposto neutro.

Pode-se dizer que as intervenções no meio tornam-se cada vez mais refinadas. Aos poucos, produz-se toda uma análise ambiental da vida das pessoas, que pode ser calculada, quantificada e medida em termos de possibilidades de investimento em capital humano (FOUCAULT, 2008a). E é esse investimento em capital humano –

saúde, educação, cultura, entre outros elementos – que deve ser um alvo permanente de todos os países. É claro que "os países de baixa renda não têm o luxo do capital abundante. À medida que seu desenvolvimento avança, aumenta acentuadamente a demanda de capital adicional" (SCHULTZ, 1987, p. 60), mas esse capital adicional precisa fortalecer o mercado, e não enfraquecê-lo (SCHULTZ, 1987).

Entram aqui vários questionamentos feitos por Schultz (1987) sobre as distorções da Comunidade Doadora Internacional. Tais questionamentos fazem parte desse redesenho nas formas de governamento da população. As formas de operar da Comunidade Doadora Internacional são amplamente questionadas por terem "inclinação contra o mercado e propensão a apoiar a intervenção governamental a expensas da produtividade econômica", o que nos possibilita pensar que os "órgãos doadores são fortemente favoráveis a reformas sociais, mas são débeis quando se trata de produtividade" (SCHULTZ, 1987, p. 150).

Aparece mais uma vez a noção de que não deve haver um soberano econômico. Acredita-se que os organismos doadores internacionais são importantes, mas precisam redimensionar a sua atuação a partir das novas teorias econômicas. Não está em jogo aqui corrigir as desigualdades sociais, buscar um todo ordenado, equilibrado, igualitário, mas sim permitir a produtividade econômica e fazer intervenções pontuais entre aqueles que necessitam ajuda naquele momento. Schultz (1987) aponta três defeitos principais dos países de alta renda ao assistirem os países de baixa renda: o primeiro deles é consequência da baixa prioridade dada ao investimento em capital humano; o segundo diz respeito ao fato de muitos programas de ajuda ao estrangeiro prejudicarem a potencialidade econômica dos países recebedores e reduzirem a potencialidade da renda disponível para o bem-estar do povo; o terceiro tem relação com o justificado interesse dos órgãos doadores pelas falhas do mercado, sendo que, ao invés de fortalecerem o desempenho dos mercados, o que fazem é enfraquecê-los. A partir dessas considerações, é possível perceber que existe um entendimento de que as ações dos organismos internacionais não devem ter no seu horizonte a correção das falhas do mercado, mas potencializar as suas ações; por sua vez, os organismos internacionais devem auxiliar o Governo em suas funções compensatórias.

É interessante observar como aquilo que assume completa naturalidade nos dias de hoje – Teoria do Capital Humano como uma forma de vida, empresariamento da sociedade e o sujeito empresário de si mesmo – vai sendo engendrado, como algumas peças vão sendo dispostas, como alguns fios da trama histórica vão sendo entrelaçados. E é sobre mais um desses fios que pretendo falar agora: em que momento a educação deixa de ser vista como um gasto e passa a ser vista como um investimento?

A educação como investimento

> Este ensaio se fundamenta na proposição segundo a qual as pessoas valorizam as suas capacidades, quer como produtores, quer como consumidores, pelo autoinvestimento, e de que a instrução é o maior investimento no capital humano [...].
> SCHULTZ, 1967, p. 13

> [...] O "investimento no homem" implicou uma verdadeira inversão de valores [...].
> LÓPEZ-RUIZ, 2007, p. 58

Ao mesmo tempo em que pergunta *O que significa educação?*, Schultz (1967) levanta uma série de respostas que definem na sua visão as funções da educação escolarizada, entre as quais: a instituição educacional tem como uma das suas funções tradicionais a pesquisa; ela descobre e cultiva o talento potencial; aumenta a capacidade de adaptação das pessoas frente a flutuações de emprego numa economia dinâmica; é um estímulo à flexibilidade na realização dos reajustamentos ocupacionais e regionais (os indivíduos com oito anos de instrução estão mais preparados para enfrentar novos empregos do que aqueles que tiveram apenas quatro anos; os indivíduos que possuem ensino médio estão mais preparados do que aqueles que concluíram apenas o ensino fundamental); as escolas recrutam e preparam os estudantes para o magistério, pois, mesmo que toda a instrução se destinasse ao consumo final, haveria a necessidade de professores.

A partir dessa visão, a educação teria um papel fundamental na descoberta e no cultivo de talentos e na preparação dos indivíduos para viverem em uma economia dinâmica, que são dois elementos fundamentais na lógica do capitalismo flexível. A partir dessa visão, a educação será um caminho para que o indivíduo aprenda a ser empresário de si mesmo e a ser um autogestor.

Assim sendo, a educação escolarizada é cada vez mais necessária, de forma que, quanto maior a escolarização, maior a chance de os indivíduos integrarem o mercado de trabalho.

Porém, ao mesmo tempo em que a educação escolarizada é fundamental, Schultz (1967, p. 19) recomenda "que a educação seja considerada como um conjunto especializado de atividades: algumas das quais organizadas, conforme se apresentam nas escolas, e outras essencialmente desorganizadas, segundo ocorre com a educação familiar". A educação se dá no lar, na igreja, nas empresas, no serviço militar, sendo que as escolas podem ser consideradas empresas especializadas em produzir instrução (MACHLUP *apud* SCHULTZ, 1967).

Temos aqui elementos que serão fundamentais no papel da educação escolarizada num mundo globalizado em constante desequilíbrio, na ampliação dos responsáveis pela educação e decorrente alargamento nas atuais funções sociais da escola. É interessante observar o quanto um economista como Schultz tematiza a importância da participação dos pais, dos professores e dos jovens no processo educativo. A participação tem como principal objetivo a flexibilidade. Se retomarmos o que discutimos no capítulo anterior sobre a administração da educação, veremos o quanto a organização escolar, seguindo o modelo da fábrica, era uma organização rígida, centralizada, burocratizada. Creditava-se o sucesso da educação a administradores altamente eficientes. Devido à baixa formação dos professores, uma solução para a escolarização de massas ter sucesso seria a presença de bons administradores escolares. Pode-se dizer que o sucesso da educação escolarizada seria uma questão de administração. Isso não significa que a formação dos professores não seguiu sendo pautada. Porém, o lugar do professor no processo de ensino é um lugar fragilizado, apesar de a organização rígida/disciplinar empoderá-lo de várias formas nas relações estabelecidas com os alunos. Esses pressupostos passam a ser questionados. Schultz diz:

> Rejeito os argumentos de que todas as crianças precisam ser protegidas de pais incompetentes e malevolentes, de que os professores são culpados do que há de errado no ensino escolar, de que a *solução são administradores altamente competentes*, de que as escolas precisam ser os agentes da reforma social, independentemente dos efeitos adversos do ensino, e de que a *competição* no domínio do ensino escolar é fundamentalmente má (SCHULTZ, 1987, p. 123, grifos meus).

A flexibilidade não seria possível com a permanência de um sistema educacional altamente centralizado sob a coordenação de administradores altamente competentes. Aos poucos, a competição e a descentralização tornaram-se palavras de ordem. Os rumos da educação deviam ser decididos por todos. Trago, a seguir, vários excertos que abordam a importância da autonomia dos pais e dos professores:

> Na medida em que os *pais* e os *professores* tenham que acatar a organização escolar existente, e da maneira com que ela é financiada e controlada, que podem eles fazer para melhorar o capital humano que seus filhos e alunos adquirem no ensino escolar? [...] A resposta é óbvia, parece-me: simplesmente, nada pode ser feito por qualquer indivíduo, dados a *estrutura financeira*, as *fontes públicas de controle* e o porte desordenado do sistema. [...] Nem o currículo, a promoção e a disciplina permissível dos estudantes nem os objetivos dos cursos a serem dados são de decisão dos professores [...]. Os educadores profissionais, com o apoio dos especialistas em finanças públicas e do Governo, obtiveram o veredicto de que os pais não são suficientemente competentes para julgarem as exigências técnicas do ensino escolar, a eficiência da sala de aula e das atividades na escola e a qualidade do ensino escolar que os filhos recebem [...]. A nociva noção de que os pais, como classe, não são *agentes humanos qualificados* nem responsáveis quando se trata do ensino escolar dos filhos precisa ser impugnada. Está em desacordo com o *comportamento econômico dos pais*, tanto como grupo quanto como indivíduos, em muitas outras atividades. As implicações da teoria do capital humano e o apelo à evidência para determinar a validade destas implicações revelam que os *pais são competentes, agentes humanos calculistas* [...]. É necessária uma nova geração de arquitetos para a concepção de políticas educacionais que venham a proporcionar aos pais e seus filhos opções para adquirirem melhor ensino. As exigências econômicas são, em princípio, simples: a *competição* acarretaria maior eficiência; os pais e os jovens exigiriam melhor ensino [...] (SCHULTZ, 1987, p. 115-122, grifos meus).

A partir desses excertos, é possível dizer que: a uniformidade e a burocratização não permitem o jogo da livre concorrência neoliberal; a instituição escolar precisa ser flexível e produzir sujeitos flexíveis capazes de concorrer em uma sociedade dinâmica; para que as pessoas invistam cada vez mais no seu capital humano, é preciso que a educação não seja vista como um gasto, mas como

COLEÇÃO "TEMAS & EDUCAÇÃO"

um investimento – e, mais do que isso, como um investimento fundamental; a educação é cada vez mais necessária e natural. Na medida em que o capital humano passa a ser um dado fundamental no desenvolvimento da economia, ele deve ser medido, visibilizado e visto como um elemento central na qualidade da população. A partir dessa lógica, quanto mais o indivíduo faz investimentos em si mesmo, mais ele potencializa as suas habilidades e competências, mais ele intensifica e torna produtiva a sua vida. As estatísticas são cada vez mais refinadas, e as avaliações de larga escala são necessárias para medir a qualidade, para estabelecer o controle de múltiplas instituições autônomas. E é o discurso da educação como um investimento do sujeito em si mesmo, como algo que ninguém pode tirar do sujeito, como algo que lhe pertence, como algo que é mais valioso do que o capital físico, que permite que a educação não seja vista mais como um gasto, mas como um investimento – e essa mudança é central na nova relação entre capital e trabalho.

> Nenhum indivíduo pode vender seu capital educacional. Nem tampouco lhe é possível transferir o volume de instrução que possui, como presente, para outra pessoa. É seu este volume de capital humano, para usar e conservar enquanto viver. O capital físico, que ainda domina nosso pensamento, difere acentuadamente em importantes aspectos. A propriedade privada de capital físico é governada pelo direito de propriedade. Tal propriedade pode ser vendida ou pode ser transferida como presente para outras pessoas. Fábricas, equipamento, habitações e estoques podem ser destruídos. A propriedade privada está sujeita a tributação anual, a tributação de herança e pode ser confiscada pelos governos. Durante a Segunda Guerra Mundial, o volume de capital humano, na Alemanha e no Japão, apesar das baixas, foi muito menos prejudicado do que o volume de capital físico. Os refugiados levam seu capital humano com eles quando fogem. São construídos muros para tornarem impossível a fuga de pessoas. A emigração pode ser proibida. Mesmo assim, os governos não podem confiscar capital humano, embora possam destruir seu valor (SCHULTZ, 1987, p. 112).

Isso explica a importância de investimentos em todos os elementos que melhoram o capital humano, principalmente a educação. Mas quando a instrução pode ser considerada um investimento? "Sempre que a instrução elevar as futuras rendas dos estudantes, teremos um investimento. É um investimento no capital humano, sob a forma de habilidades adquiridas na escola", de maneira que "a capacidade produtiva do trabalho é, predominantemente, um meio de produção *produzido*. Nós 'produzimos', assim, a nós mesmos e, nesse sentido, os 'recursos humanos' são uma consequência de investimentos entre os quais a instrução é da maior importância" (SCHULTZ, 1967, p. 25, grifo do autor).

Como calcular, então, o custo da educação? Ao calcular-se o custo da educação, os salários não recebidos devem ser incluídos (SCHULTZ, 1967). O valor do trabalho que as crianças fazem para os pais precisa ser incluído, porque a maioria dos pais sacrifica o valor do trabalho que os filhos realizam tradicionalmente (SCHULTZ, 1987). A interferência do custo deve ser levada em consideração porque: muitas crianças talentosas que fazem parte de famílias com baixo rendimento não continuam a sua instrução além da idade legalmente obrigatória, mesmo que recebam bolsas ou outros incentivos; as crianças de zona rural frequentam menos a escola do que as crianças da zona urbana; muitas crianças, nos países de baixa renda, permanecem na escola somente até completarem o período inicial de instrução (SCHULTZ, 1967). É claro que o valor dos salários não recebidos, ou seja, o trabalho das crianças, deve ser levado em consideração principalmente nos países de baixa renda. Nos Estados Unidos, por exemplo, o custo da educação primária é baixo porque inexistem salários não recebidos (SCHULTZ, 1967).

O entendimento da educação como um investimento, e não como uma simples atividade de consumo, possibilita inúmeras mudanças nos valores, nas formas de organização da vida diária (não mais apenas a partir da virtude da poupança), nos entendimentos de capital (capital material e capital humano). Os investimentos feitos em educação, saúde, assistência à infância, entre outros, aumentam a qualidade da população e as satisfações em bem-estar das pessoas e possibilitam um retorno futuro em termos de maiores ganhos. A partir desta lógica, investir no capital humano não implica um simples gasto, mas uma aplicação, um investimento.

Em um mundo de inúmeras incertezas, não temos a garantia do retorno dos investimentos feitos. Porém, diz-se que sujeitos inovadores, flexíveis, abertos para as mudanças, sujeitos da Contemporaneidade, devem fazer investimentos constantes no seu capital humano. Caso os projetos não deem certo, é preciso criar novos projetos, estar em constante movimento. Na lógica administrativa anterior, mais burocratizada, linear e previsível, a virtude da poupança permitia que os indivíduos vissem suas rendas aumentarem gradativamente. O que contava era o capital material: dinheiro guardado, bens acumulados. Na época atual, o capital material também é importante, mas é efêmero, e o capital humano é considerado essencial para que as futuras rendas e o bem-estar aumentem.

Existe uma inversão fundamental a partir da lógica do investimento em capital humano, principalmente a partir de meados da década de 1990, quando a Teoria do Capital Humano e o empreendedorismo se tornam valores sociais. Como a educação é um investimento, uma aplicação, as famílias procuram fazer o melhor investimento possível, ou seja, quem pode pagar pelo ensino dos seus filhos – e muitos que não podem, mas fazem grandes sacrifícios – optam pelo ensino privado. Com o processo gradativo de desestatização do Governo – emergência de novas formas de governamento através da moldagem dos poderes e vontades de entidades autônomas –, temos a implantação de modos de cálculo particulares nos agentes, a substituição de certas normas, como as de trabalho e dedicação, por outras, como as de competição, qualidade e demanda do cliente (ROSE, 1996a). O Governo terá como público-alvo os indivíduos que não alcançam um patamar mínimo para sua existência. O crescimento econômico deveria possibilitar que o nível de renda dos indivíduos permitisse o acesso à propriedade privada, à capitalização individual, aos seguros individuais (FOUCAULT, 2008a). Os indivíduos que alcançam certo nível de mobilidade pagam por sua educação, segurança, saúde, bem-estar. Tal bem-estar é aumentado por meio da capacidade empreendedora; pelos ganhos na produtividade do trabalho; pela migração para melhores oportunidades de emprego e lugares onde viver; pelo tempo que o estudante destina à sua instrução; pelos ganhos em satisfação que fazem parte do futuro consumo (SCHULTZ, 1987).

Tem-se aqui todo um refinamento nos modos de fazer viver aumentando a suposta qualidade da população. Segundo Schultz (1987, p. 25-26), com o "passar do tempo, o aumento da demanda de qualidade nas crianças, e da parte dos adultos ao aumentarem sua própria qualidade, favorece a iniciativa de ter e de criar menos filhos", questão que contribuiria para a solução do problema demográfico.

Competitividade e eficiência na área da educação

> *Suponhamos que iremos administrar as escolas como se fossem empresas e a instituição educacional como se estivéssemos face a uma indústria [...] Como avaliar a eficiência da instrução, usando os padrões normais da distribuição de recursos? Sem dúvida, poderíamos lançar mão dos princípios otimistas que fundamentam uma importante parte da teoria econômica. Existem, contudo, poucos estudos, até agora. Também não tenciono explorar esta faceta do problema, limitando-me a mencioná-la.*
> SCHULTZ, 1967, p. 28

Em *O valor econômico da educação*, Schultz (1967) discute a questão da eficiência no âmbito educacional. Segundo o autor, geralmente o termo "eficiência" evoca o técnico em eficiência, preso aos acessórios mecânicos, estruturais e de equipamento, e desprovido do respeito pelo fator humano no aprendizado. A partir dessa concepção, a eficiência estaria ligada a um produto passível de ser identificado e medido. Conforme os estudos realizados pelo autor, a falta de eficiência estaria diretamente relacionada com o processo de centralização na tomada de decisões. A partir dessa lógica, para que a eficiência das escolas seja medida, é preciso a livre concorrência, a competição.

É importante ressaltar que as críticas ao processo de centralização na tomada de decisões envolvem basicamente dois tópicos. O primeiro deles diz respeito ao fato de o ensino escolar depender de recursos financeiros públicos, questão que explica em parte de que modo a privatização, a terceirização e a valorização do ensino privado em relação ao ensino público ganharam centralidade a partir dos anos 1990. Tal dependência permitiria uma maior centralização na tomada de decisões, uma vez que "quem paga a música escolhe a melodia" (SCHULTZ, 1987, p. 114). A partir dessa visão, as distorções presentes no ensino não seriam corrigidas mesmo que o Governo injetasse mais recursos financeiros, o que fica claro no excerto abaixo:

> Mais recursos financeiros não corrigiriam a falta de incentivo, da parte dos professores, para melhorarem seu desempenho. Mais recursos financeiros, por eles mesmos, não reduzirão a carga colocada sobre as crianças escolares por esforços

COLEÇÃO "TEMAS & EDUCAÇÃO"

destinados a usar o ensino como um instrumento para a consecução de reformas sociais; e tenderiam a reduzir ainda mais a autoridade de tomada de decisões dos pais a respeito do ensino escolar (SCHULTZ, 1987, p. 110).

O ensino escolar atrelado exclusivamente aos recursos financeiros públicos criaria certa dependência. A livre concorrência, a competitividade e a medição da eficiência e do desempenho ficariam comprometidas. A lógica da igualização, da centralização e da modernização – ensino como instrumento para a consecução de reformas sociais – é altamente questionada. Schultz (1987, p. 114-115) diz que, com o "correr do tempo, a administração das escolas mudou em favor de superintendentes escolares e juntas escolares e, depois, de administradores com jurisdição em toda uma cidade". Tais administradores estariam sujeitos aos superintendentes estaduais, e todos estariam sujeitos às regulamentações do Governo Federal.

Segundo o que discuti no capítulo anterior, aos poucos, a administração da educação constituiu-se enquanto um campo importante de estudos. Porém, entre os próprios materiais analisados que tinham como objeto de estudos a administração da educação, em meados da década de 1970, já era possível evidenciar questionamentos em relação ao modelo fordista. Tais questionamentos estavam diretamente relacionados com o esgotamento do fordismo e do keynesianismo como formas de crescimento econômico.

O segundo tópico nos escritos de Schultz sobre a centralização na tomada de decisões diz respeito ao papel dos pais. Embora "o interesse próprio dos pais e seus filhos seja fundamental para o êxito do ensino organizado, é cada vez mais excluído por força da maneira com que o ensino é financiado, organizado e administrado" (SCHULTZ, 1987, p. 113-114).

Schultz problematiza tal centralidade dos Sistemas de Ensino e do papel dos administradores escolares. Aborda a falta de autonomia dos pais, professores e alunos na definição dos rumos da educação escolarizada. Tais questões acabam se articulando no decorrer das décadas de 1980 e 1990 com as lutas em torno da gestão democrática da escola pública. Poderíamos marcar dois pontos em comum entre as discussões realizadas por Schultz e as discussões promovidas ao longo da década de 1980 que tinham como centro as lutas por menos Estado: a descentralização na tomada de decisões e a autonomia de pais, professores e alunos. Não quero dizer com isso que tais discussões partem de uma matriz conceitual. Conforme discutirei no próximo capítulo, existe uma grande diferença entre o que significa autonomia e descentralização para as teorizações que defendem a gestão democrática e os significados atribuídos nas discussões atuais, nas quais o que está em voga é a capilarização do Estado. É importante ressaltar que a descentralização e a "participação" da sociedade civil são centrais na governamentalidade neoliberal onde o que está em evidência é justamente a responsabilização dos sujeitos pelos fracassos e sucessos das suas "escolhas" e a desresponsabilização do Governo. Schultz (1987), por exemplo, aborda a livre concorrência, o empreendedorismo e a eficiência nos processos educativos. Tal eficiência é medida principalmente a partir do capital humano adquirido. Nessa lógica, os investimentos em capital humano dizem respeito às famílias e aos indivíduos que precisam decidir os rumos que serão adotados. Na época atual, os investimentos tornaram-se privados, ou seja, atores individuais que podem pagar pela educação, saúde e segurança o fazem. Os serviços públicos são destinados àqueles indivíduos que precisam do apoio do imposto social. Vemos o quanto tais discussões embasam políticas educacionais na Contemporaneidade: exaltação do ensino privado, responsabilização da sociedade civil pela gestão da escola pública com escassez de recursos e controle da suposta eficiência a partir dos índices da educação escolarizada.

Educadores, economistas, sociólogos, políticos e historiadores questionaram das mais diversas formas a burocratização e a centralização no período de 1950 a 1970. A partir da década de 1990, esses discursos misturaram-se de forma muito interessante. Segundo a discussão que trarei no próximo capítulo, essas questões, aliadas com algumas condições que possibilitaram que o capital humano e o empreendedorismo se tornassem valores sociais, compõem o atual contexto social, político, econômico e educacional.

No prefácio do livro *Investindo no povo: o segredo econômico da qualidade da população*, Letiche (*apud* Schultz, 1987, p. 7) diz que a obra é "uma abertura de rumos em sua teorização sobre investimento apropriado em capacidade empreendedora como um meio para se lidar com os desequilíbrios difundidos nas economias dinâmicas". Tal capacidade empreendedora seria uma nova forma de alcançar o desenvolvimento econômico, uma vez que a produtividade econômica e o bem-estar humano estão vitalmente relacionados nos países pobres e nos países ricos.

Investir em capital humano significa investir no crescimento, no desenvolvimento: "investe-se para crescer – crescer na profissão, crescer dentro da empresa, crescer como pessoa" (LÓPEZ-RUIZ, 2007, p. 227). Pode-se dizer que, com a governamentalidade neoliberal, o que está em jogo é o crescimento econômico, ou seja, o desenvolvimento econômico do país, que por si só "deveria permitir que todos os indivíduos alcançassem um nível de renda que lhes possibilitasse os seguros individuais, o acesso à propriedade privada, a capitalização individual ou familiar" (FOUCAULT, 2008a, p. 198).

A atitude empreendedora, na época atual, é propagada como algo fundamental para que os indivíduos lidem com os desequilíbrios. A partir da década de 1990, o crescimento-investimento de teoria econômica passou a ser uma ética, e os princípios estabelecidos pelos indivíduos seguem a mesma lógica investimento-crescimento utilizada por qualquer outra forma de capital dentro da sociedade capitalista (López-Ruiz, 2007).

As políticas econômicas, sociais, culturais e educacionais dos países desenvolvidos passam necessariamente pela modificação do nível e da forma do investimento em capital humano; do mesmo modo, os problemas da economia do Terceiro Mundo e a não decolagem da economia do Terceiro Mundo não são repensados em termos de bloqueio dos mecanismos econômicos, mas em termos de insuficiência de investimento em capital humano (FOUCAULT, 2008a).

Para encerrar este capítulo, quero deixar marcado que, historicamente, a administração e a gestão são consideradas peças fundamentais na busca do desenvolvimento tanto dos países ditos desenvolvidos quanto dos países ditos subdesenvolvidos. Com a lógica da escassez, altamente em voga, a ideia é a que o desenvolvimento seja alcançado a partir de um esforço da sociedade civil. A descentralização e a desresponsabilização do Estado passaram a ser as regras centrais na atualidade, na qual o mercado precisa correr livremente. Tais questões afetam profundamente a educação, conforme discutirei no próximo capítulo.

| Capítulo iii

Mudança de ênfase da administração para a gestão educacional

> — *Pergunta de López-Ruiz:*
> *Ensemble individualism?*
> — *Resposta de um executivo renomado:*
> *Sim, eu acho que sim. É a organização*
> *multidimensional que se você olha de cima, vê*
> *todos os homenzinhos um do lado do outro, mas*
> *que se você olha do lado, você vê que eles estão*
> *a alturas diferentes. Realmente é uma visão*
> *multidimensional, parece que está todo mundo*
> *em linha, mas estão em níveis diferentes; ou seja,*
> *cada um atuando em seu nível individual, mas*
> *conectados através de uma tecnologia que nós*
> *estamos hoje começando a desenvolver, e você tem*
> *exemplos disso [no Brasil].*
> López-Ruiz, 2007, p. 284

Na década de 1980, "assistimos, no Brasil, à organização dos setores da sociedade emergentes no período de distensão, transição e abertura democrática que culminou com a Nova República" (Peroni, 2003, p. 74). Foi justamente nos anos 1980 que o Partido dos Trabalhadores (PT) e a Central Única dos Trabalhadores (CUT) iniciaram suas atividades; deu-se todo o processo em torno da Constituinte; ocorreu a criação do Fórum Nacional em Defesa da Escola Pública[25] em 1986, em função de articulações objetivando uma Carta Constitucional para o país; e

---

[25] "O fórum foi oficialmente lançado em Brasília, em 9 de abril de 1987, na Campanha Nacional em Defesa da Escola Pública e Gratuita, tendo

houve toda a movimentação em torno da nova Lei de Diretrizes e Bases da Educação, entre outros acontecimentos.

Os debates realizados durante o período constituinte resultaram em avanços significativos na Constituição de 1988, como é o caso, por exemplo, de a educação ser considerada um direito social e de a gestão democrática ser um princípio do ensino (PERONI, 2003). Peroni diz, porém, que o eixo principal das políticas dos anos 1980, que era a democratização da escola mediante a gestão democrática e a universalização do acesso, se deslocou ao longo dos anos 1990 para a busca de maior eficiência via autonomia da escola, descentralização de responsabilidades, terceirização de serviços e controle de qualidade. O Instituto Herbert Levy foi um dos interlocutores do governo brasileiro a partir de 1992 nas questões da reforma educativa, discutidas no Seminário Ensino Fundamental & Competitividade Empresarial, promovido nos dias 3 e 4 de agosto de 1992 (PERONI, 2003). As propostas desse seminário, enviadas à Secretaria de Ensino Fundamental do MEC, foram implementadas na íntegra. Como diz Narodowski:

> [...] existe uma importante diferença entre o tipo de autonomia escolar que teoricamente se desenvolvia na década de setenta e oitenta do século XX e os processos de descentralização e autonomização que se observam na atualidade. Enquanto os primeiros não modificaram o padrão fundacional dos sistemas educativos nacionais que regulavam a relação vertical entre a autoridade estatal e as escolas, nestes novos esquemas se desenvolvem outras formas de distribuição do poder, em que a denominada "comunidade educativa", a partir da participação dos pais e de outros atores nas instituições escolares, podia chegar a adquirir cotas importantes de poder. Já não se trata somente de descentralizar até outras instâncias de poder político (provincial, estatal, regional ou municipal), senão também até os docentes, associações e atores da sociedade civil (NARODOWSKI, 1999, p. 103).

A década de 1990 com frequência é apontada por ter sido marcada por inúmeras mudanças no contexto internacional – movimento

---

sido denominado, inicialmente, de Fórum da Educação na Constituinte em Defesa do Ensino Público e Gratuito" (PERONI, 2003, p. 75).

cada vez mais intenso de fluxo de capital e de transformação tecnológica – e na política econômica e administrativa do Brasil. No entanto, já nas décadas de 1970 e 1980, os políticos latino-americanos viram-se pressionados a promover reformas substantivas nos âmbitos econômico e social (BAUMANN, 2001). As reformas políticas recomendadas eram orientadas ao mercado e tinham como principal justificativa os seguintes argumentos:

> a) a liberalização econômica reduz as ineficiências geradas pela má distribuição e o desperdício de recursos; b) a liberalização econômica estimula o processo de aprendizagem; c) as economias orientadas ao exterior conseguem enfrentar os abalos externos; d) os sistemas econômicos baseados no mercado mostram-se menos propensos a atividades com fins rentistas que geram desperdício (RODRIK *apud* BAUMANN, 2001, p. 151).

No Brasil, as primeiras ações da reforma ocorreram na década de 1980, como é o caso da liberalização do comércio exterior e das primeiras privatizações (BAUMANN, 2001). Durante a década de 1990, as reformas implementadas foram: as políticas de segunda geração, como as reformas da segurança social, da administração do setor público e da política fiscal; o redesenho dos programas sociais a fim de incorporar os novos direitos universais garantidos pela Constituição de 1988, superar as dificuldades fiscais e distribuir o encargo da provisão de serviços entre o Governo Federal, os estados e os municípios; no plano social, na ciência e na tecnologia, registrou-se uma participação crescente (ainda que insuficiente) do setor privado no financiamento de várias atividades (BAUMANN, 2001).

A gestão e a descentralização, o empreendedorismo no nível individual e no nível institucional emergem como a grande solução para os problemas da sociedade contemporânea. Tais questões ficam evidentes na proposta da CEPAL para os anos 1990 intitulada Educação e conhecimento: eixo da transformação produtiva com equidade[26] que passa pelas seguintes premissas: uma competitividade autêntica que requer um grau adequado de coesão social e equidade; a imprescindível formação de recursos

---

[26] O documento da CEPAL e UNESCO foi produzido em 1992, mas a tradução do espanhol para o português ocorreu em 1995.

humanos,[27] especialmente a que visa a disseminar o progresso técnico; além do esforço interno, o êxito da transformação dependerá da evolução do cenário internacional; a readequação do Estado, que é fundamental para a conclusão dessa nova fase da evolução da América Latina e Caribe (CEPAL-UNESCO, 1995). Sobre esse ponto, a CEPAL-UNESCO (1995) diz que é preciso um Estado diferente do existente hoje. Tal Estado deve apoiar a base empresarial, promover a geração de níveis internacionais de competitividade e estabelecer maior grau de igualdade entre os cidadãos (função compensatória do Estado). O investimento em educação deveria ser feito não apenas por instituições públicas, mas por empresas e demais organizações (CEPAL-UNESCO, 1995).

Um tema central desse debate é a busca de fontes alternativas para o financiamento da educação. Diz-se que a transformação da educação não consiste no aumento de recursos, mas na transformação das formas de organização e funcionamento dos recursos disponíveis.[28] Embora "não se disponha de cifras precisas, é provável que tenham aumentado os gastos do setor privado, das famílias como das empresas" (CEPAL-UNESCO, 1995, p. 126).

Os princípios básicos que orientam uma política educacional bem-sucedida são altos níveis de qualidade, respeito e valorização dos professores e estreita articulação entre sistema de ensino e empresa[29] (CEPAL-UNESCO, 1995). A estratégia proposta para o plano

---

[27] "A expressão 'recursos humanos' aplicada à gestão das pessoas que trabalham nas organizações parece ter sido utilizada pela primeira vez em 1965" (PURCELL *apud* LÓPEZ-RUIZ, 2007, p. 264). Porém, recentemente, "a noção de recursos humanos tem recebido fortes ataques de diversas frentes e, embora continue sendo utilizada – e suas iniciais continuem sendo comumente usadas para definir esse setor e os profissionais que nele trabalham –, já algumas empresas têm preferido mudar para, por exemplo, 'área de gente e qualidade' ou 'área de desenvolvimento humano e organizacional'" (LÓPEZ-RUIZ, 2007, p. 265).

[28] Lógica da escassez.

[29] Sugiro a leitura da dissertação de mestrado de Hattge (2007), intitulada *Escola campeã: estratégias de governamento e autorregulação*. A dissertação consiste na análise do programa de gestão educacional Escola Campeã, que foi criado através de uma parceria entre o Instituto Ayrton Senna e a Fundação Banco do Brasil. O objetivo do programa é melhorar a qualidade da educação – superação do fracasso escolar, da evasão, da repetência e do analfabetismo – através de uma gestão escolar eficiente.

institucional da CEPAL-UNESCO supõe uma reorganização da gestão educativa, orientada, por um lado, a descentralizar e dar maior autonomia às escolas e outros centros educacionais e, por outro, a integrá-los em um marco comum de objetivos táticos. De acordo com a CEPAL-UNESCO (1995), essa seria a única forma de a educação contribuir com o fortalecimento da coesão de sociedades crescentemente segmentadas.

Pode-se dizer, portanto, que o que está em jogo na época atual "não é tanto o crescimento do Estado ou da razão de Estado, mas antes o seu decrescimento" (FOUCAULT, 2008a, p. 264), o que não significa uma diminuição do seu papel. Pelo contrário, penso que é possível falarmos no alargamento ou capilarização do Estado. Segundo Veiga-Neto,

> O que está ocorrendo é uma reinscrição de técnicas e formas de saberes, competências, expertises, que são manejáveis por "expertos" e que são úteis tanto para a expansão das formas mais avançadas do capitalismo quanto para o governo do Estado. Tal reinscrição consiste no deslocamento e na sutilização de técnicas de governo que visam fazer com que o Estado siga a lógica da empresa, pois transformar o Estado numa grande empresa é muito mais econômico – rápido, fácil, produtivo, lucrativo (VEIGA-NETO, 2000, p. 198).

A forma do mercado será generalizada em todo o corpo social. Teremos aqui uma fragmentação do todo social – princípio da igualdade, da liberdade e do contrato social. Aos poucos, teremos uma modulação cada vez mais individualizante da aplicação da lei e, por conseguinte, reciprocamente, uma problematização psicológica, sociológica, antropológica daquele a quem se aplica a lei (FOUCAULT, 2008a). Não se trata mais da igualdade – medida geral única –, mas da equidade – medida que deve ser sempre analisada a partir das variáveis do meio.

Aos poucos, vai-se abandonando a ideia de que a sociedade inteira deve, a cada um de seus membros, serviços como a saúde

---

A autora argumenta que o programa analisado "se constitui fortemente atravessado pelos discursos empresarial e educacional, que sustentam o campo de saber da gestão educacional" (HATTGE, 2007, p. 7). Ao discutir as noções de gestão escolar presentes no programa, a autora tem como foco principal o empresariamento da educação.

ou a educação, de forma que, abaixo de certo nível de renda, seja pago certo complemento; assim, se reintroduz uma distorção entre os pobres e os outros, os assistidos e os não assistidos (FOUCAULT, 2008a). A ideia é a da existência de dois sistemas impermeáveis, um em relação ao outro, que corresponderiam a um imposto econômico e a um imposto social, de modo que: "o processo econômico não seja perturbado ou comprometido pelos mecanismos sociais" e "o mecanismo social tenha uma limitação, de certo modo uma pureza tal que nunca intervenha no processo econômico propriamente dito de forma a perturbá-lo" (FOUCAULT, 2008a, p. 277).

Nos dias de hoje, a Teoria do Capital Humano, o empreendedorismo, a inovação, a flexibilidade, a criatividade, todos ultrapassam o âmbito corporativo, contribuem com o delineamento dos traços de uma mentalidade econômica e vinculam os indivíduos a um complexo de deveres (LÓPEZ-RUIZ, 2007). Muitas doutrinas da administração valem-se hoje das discussões sobre a Teoria do Capital Humano, da noção de investimento e do empreendedorismo, de maneira que essas noções se tornaram modos de vida, valores sociais. Acredita-se que, em um mundo em constante desequilíbrio, é preciso inovar e ser empresário de si mesmo.

A constituição dessas novas formas de ser e de estar no mundo estão vinculadas a um conjunto de mudanças que foram abordadas em doses homeopáticas ao longo do livro. Dentre essas mudanças, destaco duas: a diluição da fronteira entre consumo e investimento, o que já foi discutido; a eliminação da distinção entre capital e trabalho.

A diluição da fronteira entre consumo e investimento permite que o sujeito seja seu próprio capital. Conforme já abordei em outros momentos, temos aqui cada vez mais nítida a não separação entre sujeito e produto, capital material e trabalho; o sujeito passa a ser um produto e, como um produto, precisa fazer constantemente investimentos em si mesmo. A lógica anterior, de guardar dinheiro e de alimentar a virtude da poupança, faz com que não se invista hoje. Muitas vezes, esses investimentos significam não ficar desconectado, não ser deixado de lado nos processos, manter-se de uma forma ou de outra em um determinado ponto da rede, o qual é efêmero. Investir em si mesmo não necessariamente significa mudar de lugar na rede. Os sujeitos precisam contentar-se com a possibilidade de circulação, de concorrer.

[...] Enquanto empresário de si, o indivíduo tem que submeter sua propriedade às normas estabelecidas pelo mercado e deve pensar-se a si mesmo como um empreendimento: é necessário então *investir* em sua formação, em suas relações – seu *networking* –, cotar no mercado – não só buscar emprego! –, desenvolver suas capacidades e *agregar valor* a sua carreira (dentro da qual, sua vida e sua profissão se devem incluir e não ao contrário). Carreira e vida se tornam, então, cada vez menos distinguíveis [...] (LÓPEZ-RUIZ, 2007, p. 69, grifos do autor).

O empresário de si deixa de ser visto como trabalhador ou como empregado.[30] Inúmeras empresas ressaltam que todos são colaboradores, sócios e gestores. E é através da autogestão que o sujeito pode mostrar seu diferencial e buscar seu destaque nas atividades da empresa.

Se, durante a organização científica do trabalho, houve um esforço constante para separar trabalho e trabalhador, a Teoria do Capital Humano une novamente o trabalho à pessoa do trabalhador, agora entendida como capital, de forma que tudo é considerado capital e todos, capitalistas (LÓPEZ-RUIZ, 2007). A Teoria do Capital Humano aparece dentro do mundo das organizações e do *management* corporativo a partir dos discursos sobre a emancipação do trabalhador da organização, questão que foi amplamente discutida por Whyte (*apud* LÓPEZ-RUIZ, 2007). Segundo López-Ruiz, Whyte questionava a forma de organização do trabalho na década de 1950 dizendo que, em uma sociedade crescentemente burocratizada, havia perda do individualismo, avanço de uma coletividade desumanizada e confusão entre os objetivos do indivíduo e os objetivos da organização.

O pensamento de Schumpeter ganha grande visibilidade em tal contexto. Tal visibilidade diz respeito à figura do empreendedor schumpeteriano, que está diretamente ligado com a inovação, com a possibilidade de recriar continuamente seus empreendimentos, de lidar com uma sociedade em constante desequilíbrio que prima pela concorrência. Não é de se estranhar que tenha havido tanta resistência e críticas ao pensamento de Schumpeter,

---

[30] Para aprofundar a discussão sobre o perfil profissional desejado pelo mercado de trabalho na Contemporaneidade, sugiro a leitura da dissertação de mestrado de Ferreira (2010).

tanto que sua obra ganha visibilidade apenas ao completar um centenário de sua morte. A década de 1980 foi altamente propícia para a entrada em cena do pensamento de Schumpeter e de Schultz, pois é caracterizada pelas fortes críticas à centralização do poder, à burocratização, à rotina, à teoria do pleno emprego. Para Schumpeter, alguém é empreendedor sempre que empreende novas combinações, e deixa de ser empreendedor quando estabiliza e estabelece os seus negócios (apud LÓPEZ-RUIZ, 2007).

O fato de o sujeito deixar de ser empreendedor quando estabiliza e estabelece os seus negócios é absolutamente emblemático. Sennett diz que

> [...] A moderna cultura do risco é peculiar naquilo que não se mexer é tomado como sinal de fracasso, parecendo a estabilidade quase uma morte em vida. O destino, portanto, conta menos que o ato de partir. Imensas forças sociais e econômicas moldam a insistência na partida: o desordenamento das instituições, o sistema de produção flexível – realidades materiais que se fazem elas mesmas ao mar. Ficar firme é ser deixado de fora (SENNETT, 2004, p. 102-103).

Temos aí uma repulsa muito forte à rotina e uma forma de viver em permanente descontinuidade, em permanente inovação. Mesmo aquelas empresas que, de certa forma, estão estabilizadas precisam inovar, ainda que a inovação não tenha necessariamente um significado naquele contexto. Ficar parado significa ser deixado de fora – "flexibilidade equivale a juventude; rigidez, a idade" (SENNETT, 2004, p. 110). As formas de alcançar o desenvolvimento econômico no período pós-guerra passavam pela administração, que envolvia planejamento, planificação e modernização. Atualmente, o desenvolvimento deve ser alcançado através da gestão, que envolve o empreendedorismo, o sujeito empresário de si mesmo, a criação de inúmeros projetos de curto prazo e a inovação. Ora, como funcionaria a livre concorrência se os sujeitos pensassem em projetos de longo prazo, fomentando a estabilidade e a rotina? No neoliberalismo, é preciso circular pelos nódulos da rede, e ficar parado é sinal de fracasso.

Cabe aqui continuamente a figura do empreendedor schumpeteriano, que deixa de ser empreendedor quando estabiliza ou estabelece os seus negócios. As palavras de ordem são inovação e autogestão. É preciso estar constantemente correndo riscos. Essas questões foram altamente discutidas dentro do processo de reengenharia – novas formas de gestão das empresas –, proposto principalmente a partir do início da década de 1990. Michael Hammer e James Champy publicaram em 1993 o livro *Reengenharia: revolucionando a empresa em função dos clientes, da concorrência e das grandes mudanças da gerência*. Nessa obra, considerada um absoluto *best-seller*, eles propõem novas formas de gerenciamento das instituições. Segundo os autores, é preciso esquecer as antigas estruturas organizacionais (departamentos, divisões, grupos e assim por diante), pois a reengenharia rejeita a divisão do trabalho, o controle hierárquico, a economia de escala e todos os demais pertences de uma economia no estágio inicial de desenvolvimento. Ela rejeita a tradição, implica descontinuidade e capacidade de começar sempre de novo. Quando questionados sobre *O que é a reengenharia?*, Hammer e Champy (1994, p. 35) dizem que "nada melhor do que retornarmos a nossa sucinta definição original da reengenharia: começar de novo. A reengenharia trata de começar de novo em uma folha de papel em branco", ou seja, a reengenharia trata "da *reinvenção* das empresas – não da sua melhoria, de seu aperfeiçoamento ou de sua modificação" (p. 23, grifo dos autores) –, e é através dela que é possível uma "reestruturação radical dos processos empresariais que visam alcançar drásticas melhorias em indicadores críticos e contemporâneos de desempenho" (p. 22).

O que está em voga na atualidade são as novas formas de gestão do social, da economia, da educação, do Estado. A partir de vários desses discursos apresentados aqui, acredita-se que tais formas devem ser abertas, descontínuas; devem primar pela inovação, possibilitar que todos colaborem e/ou participem, que todos sejam empresários de si mesmos. Através de certo consenso social, a inovação e o empreendedorismo são naturalizados.

Portanto, podemos afirmar que "ser empreendedor hoje não é uma opção. Se Schumpeter descrevia com essa figura um tipo particular de indivíduo, hoje todos *devem ser* como esse indivíduo era" (LÓPEZ-RUIZ, 2007, p. 69, grifos do autor). Segundo Gadelha,

> [...] a empresa já não está "fora", não é algo (disposto estrategicamente em rede) puramente exterior, a que os indivíduos devem apenas acionar, tomar por referência e a ela se ajustarem; não, agora, os próprios indivíduos vão ser produzidos (objetivados e subjetivados) como microempresas [...] (GADELHA, 2010, p. 15).

COLEÇÃO "TEMAS & EDUCAÇÃO"

É importante destacar que a empresa se diferencia em muito da organização e forma de funcionamento da fábrica. Pode-se dizer que, enquanto a fábrica tinha como foco o trabalho, a criação do objeto (a mercadoria) e a criação do sujeito (trabalhador e consumidor), o foco da empresa é o emprego e a criação do mundo onde o objeto e o sujeito existem (LAZZARATO, 2006). Hoje, nas modernas redes flexíveis, é muito difícil separarmos o emprego, o estudo e as demais atividades da vida pessoal. Isso tem relação com a formação continuada, que nos coloca numa situação de dívida permanente, e com a imaterialidade do trabalho.

Da mesma forma que a empresa se diferencia da fábrica, pode-se dizer que uma concepção de gestão se diferencia de uma concepção de administração. Segundo o administrador de empresas Emerson de Paulo Dias (2002), a administração tem relação com o topo da pirâmide hierárquica; ela era algo distinto e separado do restante da empresa (tinha vida própria), sua função era organizar, planejar, dirigir e controlar as pessoas para atingir os objetivos da organização. A gestão, por sua vez, lança mão de várias funções e conhecimentos necessários para, através das pessoas, atingir os objetivos da organização de forma eficiente e eficaz.

Com a lógica da descentralização, recairá sobre os gestores das escolas uma responsabilidade muito grande, pois quase tudo passará a ser uma questão de gestão. Na época atual, o gerente é considerado um missionário que tem como principal tarefa converter o pessoal ao novo conjunto de valores (LÓPEZ-RUIZ, 2007).

Os professores não estarão mais sob a responsabilidade apenas dos administradores escolares. A gestão compartilhada implica uma visibilidade enorme da função docente,[31] que passa a ser regulada por pais, colegas, especialistas de diversas áreas, gestores, alunos, funcionários, por avaliações de larga escala. A gestão e a autogestão são disseminadas pelo todo social. Como diz Sennett (2006, p. 60), "esta celebração da autogestão não é propriamente inocente. Com isso, a empresa não precisa mais pensar de maneira crítica sobre sua responsabilidade em relação àqueles que controla". Os professores e os gestores escolares passam a ser empresários

---

[31] Para uma maior discussão sobre o tema, sugiro a leitura de Hypolito, Vieira e Pizzi (2009).

de si mesmos e são medidos, avaliados constantemente através de vários índices de desempenho.

Pode-se dizer, portanto, que um contexto aberto e flexível requer a figura de um gestor – no caso da escola, essa função do gestor cabe à equipe diretiva, ou seja, ao diretor e ao supervisor escolar – capaz de impulsionar mudanças, inovar e atingir os objetivos através das pessoas, como é o caso, por exemplo, da participação da comunidade escolar. Como geralmente a equipe diretiva trabalha com uma escassez muito grande de recursos, discute-se a importância de a equipe aprender a arte da resolução de problemas, uma vez que:

> As atuais reformas e pesquisas educacionais compreendem as crianças e professores como projetistas de sua própria aprendizagem, e a pesquisa como um problema particular de projeto a fim de produzir o agenciamento do indivíduo que vive uma vida de contínua inovação. A noção de projeto (design) representa uma reviravolta nas narrativas de democracia, empoderamento e agenciamento humano para professores, crianças e pesquisadores no século XXI (POPKEWITZ; OLSSON; PETERSSON, 2006, p. 439).

De acordo Popkewitz, Olsson e Petersson (2006), a ideia de comunidade evoca uma reformulação da democracia por meio de padrões de governamento comunitários e pode ser considerada um tema redentor no envolvimento e no empoderamento das pessoas, as quais exercem sua cidadania responsável através da resolução de problemas. Esses autores dizem que, na época atual, o projeto (resolução de problemas) produz o agenciamento do indivíduo, fabrica a individualidade da vida na Sociedade de Aprendizagem e é concebido, em certo nível, como parte da democracia e de seu cosmopolitismo.

Em uma pesquisa que desenvolvi sobre a relação família/escola, trabalhei com a noção de comunidade como uma nova espacialização de governo. Para tal, utilizei principalmente os escritos de Rose (1996b) e de Bauman (2003). Rose (1996b) afirma que, entre as características que dizem respeito ao redesenho do território de governo em termos de comunidade – passagem do governo da sociedade para o governo dos sujeitos –, está o papel da identificação (seja como mulheres, gays, lésbicas ou alcoólatras), o que pressupõe fidelidade. Esse autor salienta que, mesmo que a asserção da comunidade se refira a algo que tenha uma alegação sobre nós (nossos destinos como gays, como portadores de AIDS, etc.), devemos ficar cientes da importância da fidelidade para com cada uma dessas comunidades particulares, e isso requer o trabalho de educadores, campanhas, especialistas, entre outros.

A lógica coletiva da comunidade é aliada ao *ethos* individualizado (responsabilidade pessoal, autocontrole, autopromoção) da política neoliberal, de forma que a comunidade não é simplesmente o território de governo, mas os meios de governo, pois seus laços, forças e afiliações devem ser estimulados, nutridos, moldados e instrumentalizados na esperança de se produzirem consequências desejadas para todos e para cada um (BAUMAN, 2003). Assim, no neoliberalismo, é central uma nova relação entre estratégias de governo dos outros e as técnicas de governo de si, situadas em relações de mútua obrigação: a comunidade (BAUMAN, 2003).

Para finalizar esta discussão, destaco que, ao mesmo tempo em que as escolas passam por um processo de autonomização, cria-se todo um sistema de controle que, segundo Narodowski (1999), permite a reestatização da escolarização através de um *ranking* que analisa os graus de eficiência empregados no interior da instituição escolar, de forma que as escolas com pior posição no *ranking* modifiquem os rumos adotados. Esse autor diz que (1999, p. 108), em "um mundo avaliador, ser avaliado significa existir". Como em toda "boa empresa", os níveis de desempenho são considerados importantes, pois indicam os rumos a seguir.

Grupos de pesquisa sobre o tema

Listo, abaixo, Grupos de Pesquisa que têm como foco de estudo a Gestão Educacional. A partir dos grupos é possível ampliar os conhecimentos e acompanhar a produção científica da área. Endereço de busca dos Grupos: <http://dgp.cnpq.br/dgp/faces/consulta/consulta_parametrizada.jsf>.

1. História, Política e Gestão da Escola Básica
   Coordenação: Flávia Werle (UNISINOS).

2. Núcleo de Pesquisa e Extensão Gestão em Educação e Estudos Transdisciplinares (NUGEET)
   Coordenação: Maria de Fátima de Andrade Ferreira e Luciano Lima Souza (UESB).

3. Grupo de Estudos e Pesquisas em Ética e Políticas de Planejamento e Gestão Educacional
   Coordenação: Wiama de Jesus Freitas Lopes e Stella Márcia de Morais Santiago (UFCG).

4. Núcleo de Estudos de Política e Gestão da Educação
   Coordenação: Maria Beatriz Moreira Luce e Nalú Farenzena (UFRGS).

5. Grupo de Pesquisa APOGEU que desenvolve pesquisas no campo da avaliação, da política, da gestão e da organização da educação
   Coordenação: Heike Schmitz e Gracyanne Freire de Araujo (UFS).

6. Grupo de Estudos e Pesquisa em Políticas Educacionais, Gestão e Financiamento da Educação (GEPEFI)
   Coordenação: Jani Alves da Silva (UEM).

COLEÇÃO "TEMAS & EDUCAÇÃO"

7. Grupo de Pesquisa Gestão e Políticas Públicas em Educação
Coordenação: Adolfo Ignacio Calderón (PUC-Campinas).

8. Grupo de Gestão e Avaliação da Educação Básica (GAEB)
Coordenação: Angela Maria Martins (UNICID).

9. Grupo de Pesquisa Laboratório de Avaliação, Política, Planejamento e Gestão da Educação (LAPLANGE)
Coordenação: Maria de Fátima Sousa Lima e Maria Raimunda Santos da Costa (UFPA).

10. Grupo de Estudos em Gestão e Financiamento da Educação (GEFIN)
Coordenação: Rosana Maria Gemaque Rolim e Dalva Valente Guimarães Gutierres (UFPA).

11. Grupo de Estudos sobre Políticas e Gestão da Educação (GEPGE)
Coordenação: Waldemar Marques e Celso Luiz Aparecido Conti (UFSCAR).

12. Grupo de Políticas Públicas e Gestão Educacional
Coordenação: Alaíde Pereira Japecanga Aredes (UEMS).

13. Grupo Gestão e Financiamento da Educação
Coordenação: José Marcelino de Rezende Pinto (USP).

14. Grupo de Estudos e Pesquisas em Políticas e Gestão da Educação (GEPEGE)
Coordenação: Juciley Silva Evangelista Freire e Raquel Aparecida de Souza (UFT).

15. Grupo de estudos e pesquisas em gestão e financiamento da educação básica (GEPGFEB)
Coordenação: Rose Cléia Ramos da Silva e Marcos Macedo Fernandes Caron (UFMT).

16. Núcleo de Pesquisas em Política Educacional, Gestão e Financiamento da Educação (NUPGEFE)
Coordenação: Mark Clark Assen de Carvalho e Maria do Socorro Neri Medeiros de Souza (UFAC).

17. Grupo de Estudos e Pesquisas em Política Educacional, Gestão Escolar, Trabalho e Formação Docente (GEPPEAC)
Coordenação: Ednacelí Abreu Damasceno (UFAC).

GESTÃO E EDUCAÇÃO

18. Grupo de Gestão, Organização e Políticas Públicas em Educação (GP-GEPE)
    Coordenação: Antonio Amorim (UNEB).

19. Grupo de Pesquisa Gestão e Educação Pública
    Coordenação: Marcos Tanure Sanabio (UFJF).

20. Grupo de Pesquisa Gestão, Educação e Políticas Públicas
    Coordenação: Evaldo Luis Pauly e Miguel Alfredo Orth (UNILASALLE).

21. Grupo de Pesquisa Política, Gestão, Memória e Pesquisa em Educação (POGEDUC)
    Coordenação: Minervina Joseli Espíndola Reis (UNEB).

22. Grupo de Pesquisa Políticas Públicas e Gestão Educacional
    Coordenação: Emilia Peixoto Vieira e Sandra da Matta Virgem Gomes (UESC).

23. Grupo de Pesquisa Gestão e Planejamento da Educação no Brasil
    Coordenação: Lucia Maria Gomes Corrêa Ferri e José Camilo dos Santos Filho (UNOESTE).

24. Grupo de Pesquisa Laboratório de Gestão Educacional
    Coordenação: Pedro Ganzeli e Zacarias Pereira Borges (UNICAMP).

25. Grupo de Pesquisa Planejamento e Gestão da Educação Básica e da Educação Superior
    Coordenação: Jair Militão da Silva (UNICID).

26. Grupo de Pesquisa As interfaces da Política e Gestão da Educação
    Coordenação: Bibiani Borges Dias (IFB).

27. Grupo de Pesquisa Políticas e Gestão da Educação
    Coordenação: Ângelo Ricardo de Souza e Andréa Barbosa Gouveia (UFPR).

28. Grupo de Pesquisa Gestão e Avaliação Educacional
    Coordenação: Edna Cristina do Prado e Inalda Maria dos Santos (UFAL).

29. Grupo de Pesquisa Gestão e Políticas Públicas da Educação
    Coordenação: Helena Machado de Paula Albuquerque (PUC-SP).

30. Grupo de Pesquisa Gestão Pública Educacional, imaginário e cultura
    Coordenação: Evson Malaquias de Moraes Santos (UFPE).

Referências

BAUMANN, R. Brasil en los años noventa: una economía en transición. *Revista de la CEPAL*, v. 73, abr. 2001.

BAUMAN, Z. *Modernidade líquida*. Rio de Janeiro: Jorge Zahar, 2001.

BAUMAN, Z. *Comunidade: a busca por segurança no mundo atual*. Rio de Janeiro: Jorge Zahar, 2003.

BRASIL. Ministério da Educação, Instituto Nacional de Estudos e Pesquisa. *A educação nas mensagens presidenciais: período 1890-1986*. Brasília, DF, 1987. v. II.

BREJON, M. *Alguns aspectos da formação de administradores escolares*. Salvador: ANPAE, 1966. 26p. (Série Cadernos de Administração Escolar, III).

BREJON, M. Formação de administradores escolares. In: TEIXEIRA, A. S.; MASCARO, C. C.; RIBEIRO, J. Q.; BREJON, M. *Administração Escolar*. Salvador: ANPAE, 1968. p. 41-59. Edição Comemorativa do Simpósio Interamericano de Administração Escolar.

CATANI, A. M.; GILIOLI, R. de S. P. *Administração Escolar: a trajetória da ANPAE na década de 1960*. Rio de Janeiro: DP&A, 2004.

CEPAL – Comisión Económica para América Latina. Introducción a la técnica de programación. In: *Cincuenta años de pensamiento en la Cepal: textos seleccionados*. Santiago: Fondo de Cultura Económica, 1998. v. I, p. 243-271.

CEPAL-UNESCO. *Educação e conhecimento: eixo da transformação produtiva com equidade*. Brasília: IPEA/CEPAL/INEP, 1995.

COUTINHO, K. D. *A emergência da Psicopedagogia no Brasil*. Porto Alegre: UFRGS, 2008. Tese (Doutorado em Educação) – Programa de Pós-Graduação em Educação, Faculdade de Educação, Universidade Federal do Rio Grande do Sul, 2008.

CUNHA, L. A. *Educação e desenvolvimento social no Brasil*. Rio de Janeiro: Francisco Alves, 1989.

DIAS, E. Conceitos de administração e gestão: uma revisão crítica. *Revista Eletrônica de Administração*, Franca, SP: FASEF, v. 1, jul./dez. 2002. Disponível em: <http://www.facef.br/rea/edicao01/ed01_art01.pdf>. Acesso em: 4 jan. 2008.

DIAS, J. A. *Sistema escolar brasileiro*. Rio de Janeiro: ANPAE, 1972. (Série Cadernos de Administração Escolar, V).

DONZELOT, J. *A polícia das famílias*. Rio de Janeiro: Graal, 1986.

REFERÊNCIAS

DOTTRENS, R. *A crise da educação e seus remédios*. Rio de Janeiro: Zahar, 1976.

ESCOBAR, A. *La invención del Tercer Mundo*: *construcción y desconstrucción del desarollo*. Colombia: Norma, 2007.

FABRIS, E. H. A escola contemporânea: um espaço de convivência? In: REUNIÃO ANUAL DA ANPED, 30., 2007, Caxambu. *Anais...* Caxambu, 2007.

FAYOL, H. *Administração Industrial e Geral*. São Paulo: Atlas, 1968.

FERREIRA, M. dos S. *Curriculum Vitae*: *selecionam-se jovens que buscam, nas páginas do jornal, oportunidades de trabalho e que possuam...* Porto Alegre: UFRGS, 2010. Dissertação (Mestrado em Educação) – Programa de Pós-Graduação em Educação, Faculdade de Educação, Universidade Federal do Rio Grande do Sul, 2010.

FOUCAULT, M. *Nascimento da Biopolítica. Curso no Collège de France (1978-1979)*. São Paulo: Martins Fontes, 2008a.

FOUCAULT, M. *Segurança, território, população. Curso no Collège de France (1977-1978)*. São Paulo: Martins Fontes, 2008b.

GADELHA, S. *Biopolítica, governamentalidade e educação*: *introdução e conexões, a partir de Michel Foucault*. Belo Horizonte: Autêntica, 2009.

GADELHA, S. Governamentalidade (neo)liberal, concorrência, empreen-dedorismo e educação: uma abordagem foucaultiana. In: SIMPÓSIO O (DES)GOVERNO BIOPOLÍTICO DA VIDA HUMANA, 11., 2010. São Leopoldo: Unisinos, 2010.

HAMMER, M.; CHAMPY, J. *Reengenharia*: *revolucionando a empresa em função dos clientes, da concorrência e das grandes mudanças da gerência*. Rio de Janeiro: Campus, 1994.

HARDT, M.; NEGRI, A. *Império*. Rio de Janeiro: Record, 2003.

HARVEY, D. *Condição pós-moderna*. São Paulo: Loyola, 2001.

HATTGE, M. D. *Escola Campeã*: *estratégias de governamento e autorregulação*. São Leopoldo: UNISINOS, 2007. Dissertação (Mestrado em Educação) – Programa de Pós-Graduação em Educação, Universidade do Vale do Rio dos Sinos, 2007.

HYPOLITO, A. M.; VIEIRA, J. S.; PIZZI, L. C. V. Reestruturação cur-ricular e autointensificação do trabalho docente. *Currículo sem Fronteiras*, v. 9, n. 2, p. 100-112, jul/dez. 2009.

HOUAISS, A. *Dicionário eletrônico da Língua Portuguesa*. São Paulo: Objetiva, 2001.

IBGE – Instituto Brasileiro de Geografia e Estatística. Conselho Nacional de Estatística. *Serviço Nacional de Recenseamento*. Estado do Rio de Janeiro: Censo Demográfico. Rio de Janeiro, 1955. v. XXIII, tomo 1.

KLAUS, V. *A família na escola*: uma aliança produtiva. Porto Alegre: UFRGS, 2004. Dissertação (Mestrado em Educação) – Programa de Pós-Graduação em Educação, Faculdade de Educação, Universidade Federal do Rio Grande do Sul, 2004.

KLAUS, V. *Desenvolvimento e governamentalidade (neo)liberal: da administração à gestão educacional*. Tese (Doutorado em Educação) – Programa de Pós-Graduação em Educação, Faculdade de Educação, Universidade Federal do Rio Grande do Sul, Porto Alegre, 2011.

KLEIN, R. R. *A reprovação escolar como ameaça nas tramas da modernização pedagógica*. São Leopoldo: UNISINOS, 2010. Tese (Doutorado em Educação) – Programa de Pós-Graduação em Educação, Universidade do Vale do Rio dos Sinos, 2010.

LAZZARATO, M. *As revoluções do capitalismo*. Rio de Janeiro: Civilização Brasileira, 2006.

LÓPEZ-RUIZ, O. *Os executivos das transnacionais e o espírito do capitalismo*: capital humano e empreendedorismo como valores sociais. Rio de Janeiro: Azougue, 2007.

MAGNOLI, D. *O mundo contemporâneo: relações internacionais 1945-2000*. São Paulo: Moderna, 1996.

MASCARO, C. C. *A administração escolar na América Latina*. Salvador, Bahia: ANPAE, 1968. 47p. (Série Cadernos de Administração Escolar IV).

MELCHIOR, J. C. A. *Financiamento da Educação no Brasil: Recursos financeiros públicos e privados*. São Paulo: ANPAE, 1972. 184p. (Série Cadernos de Administração Escolar VI).

MORAES, R. *Celso Furtado: o subdesenvolvimento e as ideias da Cepal*. São Paulo: Ática, 1995.

MORAES, R. Nota sobre a economia do desenvolvimento nos "vinte e cinco gloriosos" do pós-guerra. *Cadernos CEDEC*, n. 76, agosto de 2005. Disponível em: <http://goo.gl/U383xQ>. Acesso em: 20 nov. 2010.

MORAES, P. E. *Introdução à gestão empresarial*. Curitiba: IBPEX, [s.d.].

NARODOWSKI, M. *Después de clase*: desencantos y desafíos de la escuela actual. Buenos Aires: Novedades Educativas, 1999.

OLIVEIRA, L. A. P. de; SIMÕES, C. C. da S. O IBGE e as pesquisas populacionais. *Revista Brasileira de Estudos Populacionais*, São Paulo, v. 22, n. 2, p. 291-302, jul./dez. 2005. Disponível em <http://goo.gl/paxAoS>. Acesso em: 24 out. 2010.

ONU – Organização das Nações Unidas. *Conheça a ONU*. 2010a. Disponível em <http://www.onu-brasil.org.br/conheca_onu.php>. Acesso em: 20 nov. 2010.

ONU – Organização das Nações Unidas. *Carta da ONU.* 2010b. Disponível em <http://www.onu-brasil.org.br/doc6.php>. Acesso em: 20 nov. 2010.

PERONI, V. M. V. *Política educacional e papel do Estado no Brasil dos anos 1990.* São Paulo: Xamã, 2003.

POPKEWITZ, T. S.; OLSSON, U.; PETERSSON, K. The Learning Society, the Unfinished Cosmopolitan, and Governing Education, Public Health and Crime Prevention at the Beginning of the Twenty-First Century. *Educational Philosophy and Theory,* v. 38, n. 4, p. 431-449, 2006.

RIBEIRO, J. Q. *Introdução à administração escolar.* Salvador: ANPAE, 1965. 30p. (Série Cadernos de Administração Escolar, II).

RIBEIRO, J. Q. Introdução à administração escolar. In: TEIXEIRA, A. S.; MASCARO, C. C.; RIBEIRO, J. Q.; BREJON, M. *Administração Escolar.* Salvador: ANPAE, 1968. p. 18-40. Edição Comemorativa do Simpósio Interamericano de Administração Escolar.

ROSE, N. El gobierno en las democracias liberales "avanzadas": del liberalismo al neoliberalismo. *Archipiélago,* Cuadernos de Crítica de la Cultura, Barcelona, p. 25-41, Verano 1996a.

ROSE, N. The Death of the Social? Re-figuring the Territory of Government. *Economy and Society,* v. 3, n. 25, p. 327-356, Aug. 1996b.

SANDER, B. *Administração da Educação no Brasil: evolução do conhecimento.* Fortaleza: Associação Nacional de Profissionais de Administração da Educação, 1982. Série Cadernos de Administração Escolar, VII.

SANSON, C. Trabalho e subjetividade: da sociedade industrial à sociedade pós-industrial. *Cadernos IHU,* São Leopoldo: Instituto Humanitas Unisinos, ano 8, n. 32, 2010.

SCHULTZ, T. W. *O valor econômico da educação.* Rio de Janeiro: Zahar, 1967.

SCHULTZ, T. W. *Investindo no povo: o segredo econômico da qualidade da população.* Rio de Janeiro: Forense Universitária, 1987.

SENNETT, R. *A corrosão do caráter: consequências pessoais do trabalho no novo capitalismo.* Rio de Janeiro: Record, 2004.

SENNETT, R. *A cultura do novo capitalismo.* Rio de Janeiro: Record, 2006.

SOMMER, L. H. Práticas de produção da docência: uma análise sobre literatura de formação de professores. In: ENDIPE, 15., 2010, Belo Horizonte. *Anais...* Belo Horizonte, 2010. p. 28-37.

TEIXEIRA, A. Que é administração escolar? *Revista Brasileira de Estudos Pedagógicos,* Rio de Janeiro, v. 36, n. 84, p. 84-89, 1961. Disponível em: <http://www.geocities.ws/angesou/anisio.pdf>. Acesso em: 15 jan. 2009.

TEIXEIRA, A. Centros de treinamento de professores primários. In: CONFERÊNCIA SOBRE EDUCAÇÃO E DESENVOLVIMENTO ECONÔMICO E SOCIAL NA AMÉRICA LATINA. Santiago do Chile, 1962. Disponível em: <http://www.bvanisioteixeira.ufba.br/artigos/centros.html>. Acesso em: 20 nov. 2010.

TEIXEIRA, A. *Natureza e função da administração escolar.* Salvador: ANPAE, 1964. 16p. (Série Cadernos de Administração Escolar I).

TEIXEIRA, A. Natureza e função da Administração Escolar. In: TEIXEIRA, A.; MASCARO, C. C.; RIBEIRO, J. Q.; BREJON, M. *Administração Escolar.* Salvador: ANPAE, 1968. p. 9-17. Edição Comemorativa do Simpósio Interamericano de Administração Escolar.

TEIXEIRA, A. *Educação para a democracia: introdução à administração educacional.* Rio de Janeiro: UFRJ, 2007.

TEIXEIRA, A.; MASCARO, C. C.; RIBEIRO, J. Q.; BREJON, M. *Administração Escolar.* Salvador: ANPAE, Edição Comemorativa do Simpósio Interamericano de Administração Escolar, 1968. 95p.

UNESCO – Organização das Nações Unidas para a Educação, Ciência e Cultura. *O que é a UNESCO.* 2008. Disponível em: <http://www.unesco.cl/port/organizacion/queeslaunesco/4.act>. Acesso em: 2 dez. 2008.

VEIGA-NETO, A. Michel Foucault e Educação: há algo de novo sob o sol? In: _____. (Org.). *Crítica pós-estruturalista e Educação.* Porto Alegre: Sulina, 1995. p. 9-56.

VEIGA-NETO, A. Educação e governamentalidade neoliberal: novos dispositivos, novas subjetividades. In: PORTOCARRERO, V.; CASTELO BRANCO, G. *Retratos de Foucault.* Rio de Janeiro: Nau, 2000. p. 179- 217.

VEIGA-NETO, A. Coisas do governo... In: RAGO, M.; ORLANDI, L. B. L.; VEIGA-NETO, A. (Orgs.). *Imagens de Foucault e Deleuze: ressonâncias nietzschianas.* Rio de Janeiro: DP&A, 2002a. p. 13-34.

VEIGA-NETO, A. Espaço e currículo. In: LOPES, A. C.; MACEDO, E. (Orgs.). *Disciplinas e integração curricular: história e políticas.* Rio de Janeiro: DP&A, 2002b. p. 201-220.

VEIGA-NETO, A. Na oficina de Foucault. In: KOHAN, W. O.; GONDRA, J. (Orgs). *Foucault 80 anos.* Belo Horizonte: Autêntica, 2006. p. 79-91.

VEYNE, P. *Como se escreve a história: Foucault revoluciona a história.* Brasília: UNB, 1998.

VILELA, S. L. de O. Racionalização e globalização: uma leitura a partir de Max Weber. *Raízes*, ano XVIII, n. 19, p. 37-48, maio 1999. Disponível em: <http://www.ufcg.edu.br/~raizes/artigos/Artigo_43.pdf>. Acesso em: 22 nov. 2010.

A AUTORA

Viviane Klaus graduou-se em Pedagogia pela UNISINOS, é mestre e doutora em Educação pela UFRGS. É professora do Programa de Pós-Graduação Mestrado Profissional em Gestão Educacional e do Curso de Pedagogia da UNISINOS. Tem também experiência na área de Educação Infantil e no Ensino Fundamental. Atuou como supervisora escolar e como membro da Coordenação de Gestão Democrática e da Coordenação Pedagógica na SMED de São Leopoldo/RS. Integra o Grupo de Pesquisa em Currículo e Contemporaneidade (GPCC/UFRGS) – onde investigou os temas "relação família/escola/comunidade" e a "emergência da administração da educação no Brasil e a mudança de ênfase da administração para a gestão educacional" – e o Grupo de Estudo e Pesquisa em Inclusão (GEPI/UNISINOS). Atualmente desenvolve investigação financiada pelo CNPq cujo objetivo é analisar os principais pressupostos sobre gestão colocados em funcionamento em escolas públicas do estado do Rio Grande do Sul a partir de parcerias estabelecidas entre escolas e empresas, de 1990 até 2010, bem como seus efeitos na gestão escolar e na gestão do ensino.

Entre as suas produções, destacam-se:

> KLAUS, V. Escola, modernidade e contemporaneidade. In: LOPES, M. C.; HATTGE, M. D. (Orgs.). *Inclusão: conjunto de práticas que governam.* Belo Horizonte: Autêntica, 2009. p. 185-205;

> KLAUS, V. Família, escola e capilarização do Estado. In: SARAIVA, K.; SANTOS, I. M. (Org.). *Educação contemporânea & artes de governar.* Canoas: Ulbra, 2010. p. 37-59;

> KLAUS, V. A produtiva aliança família/escola. In: LOPES, M. C.; FABRIS, E. H. (Orgs). *Aprendizagem & Inclusão: implicações curriculares.* Santa Cruz do Sul: EDUNISC, 2010. p. 210-228.

> SANTOS, I. M. dos.; KLAUS, V. A inclusão e o sujeito empresário de si. In: FABRIS, E. H. KLEIN, R. R. (Orgs.). *Inclusão e biopolítica.* Belo Horizonte: Autêntica, 2013. p. 61-78.

E-mail para contato: viviklaus@unisinos.br.

Este livro foi composto com tipografia Bembo Std e impresso
em papel Off Set 75 g/m² na Paulinelli Serviços Gráficos.